詹姆斯・霍利斯 James Hollis, PhD——著　廖建容——譯

穿越中年迷霧

LIVING WITH BORROWED DUST
REFLECTIONS ON LIFE, LOVE, AND OTHER GRIEVANCES

U0538237

榮格心理學家的指引，開啟內在對話，
理解焦慮、創傷、夢境、陰影，解答生命難題，活出自己

本書獻給我此生的摯愛吉兒，以及我們的孩子：塔琳和提姆，約拿和希亞。也要感謝麗茲‧哈里森（Liz Harrison）與利里克‧達森（Lyric Dodson）、安琪拉‧韋克斯（Angela Wix），以及 Sounds True 出版公司的安娜史塔西亞‧佩洛喬（Anastasia Pellouchoud），因為有你們，本書才能誕生。

我只是借用了這塵土。
——史丹利・庫尼茲（Stanley Kunitz）

不用的腦袋，不會感到困惑。受阻的河流才會歌唱。
——溫德爾・貝瑞（Wendell Berry）

每盞燈、每個火堆都有燃盡之時，接著陷入全然黑暗，但總會有自性之光留存，那是至高無上之光。
——榮格（C. G. Jung）

自性的體驗帶來一種心靈踏實的感覺，站在永恆的碎片上，連死亡也無法觸及那個地方。
——瑪麗－路薏絲・馮・法蘭茲（Marie-Louise von Franz）

性格（對自己的人生負責的意願）是自尊（self-respect）的源頭。
——瓊・蒂蒂安（Joan Didion）

目次

推薦序　以新的方式思考人生　丹尼斯・派屈克・史萊特利　9

序　言　與靈魂展開深層的對話　15

1　幸福　25
　　找到你所愛的，使其成為你的全部

2　重新審視人生的劇本　49
　　自我對話的必要

3　拿回掌控權才有真自由　71
　　成癮和焦慮管理系統的關聯

4　與靈魂對話　87
　　積極想像，與內在連結

5　探索夢境　107
　　具有修正性和指引性的智慧之源

6　分裂的靈魂與仇恨　133
　　面對分歧和仇恨的方法

7	凝視深淵	165
	學習與模糊和矛盾共處	
8	創傷的意義	181
	修復心靈的方法	
9	行善的力量	201
	了解和處理邪惡	
10	與靈魂相會	219
	尋找原始的連結	

結語	探索內在，活出真正的自己	240
附錄	前往伯里奇	249
注釋		265
參考書目		269

推薦序

以新的方式思考人生

帕西菲卡研究所榮譽退休教授
丹尼斯・派屈克・史萊特利博士

我多年來一直閱讀霍利斯的書、收聽他的播客節目。他的著作與談話總是令我驚嘆與欣喜，並且使我獲益良多。他對人類景況的洞察深具啟發性，並以溫柔的態度與幽默感探討這些議題。最重要的是，他是靈魂的醫者。

他在工作時會運用三門學科：深度心理學、神話與詩歌。我的專長領域是文學研究與深度心理學，霍利斯對於脆弱、不確定且充滿苦難的人生之洞察，深得我心。霍利斯認為，人類的特點之一是追尋意義。正如許多人所知，他所受的學術訓練是文學，後來找到並回應人生的召喚，成為榮格心理分析師，但他的作品從來不曾失去文學的豐

富性,而且總是充滿了詩歌的智慧傳統。

探尋人生的使命

霍利斯持續耕耘的其中一個領域是,人類這個物種是一個能量傳導、吸收與轉化的群體,承襲了法國哲學家德日進(Pierre Teilhard de Chardin)與美國神話學家約瑟夫·坎伯(Joseph Campbell)的精神。他和坎伯都認為,人生的旅程需要勇氣,必須走進那片最茂密的森林,進入那條尚未顯現、無人為你開闢的道路。當你這麼做時,你才踏上自己真正的朝聖之旅。

這個探索之旅通常是由幾個問題所觸發,霍利斯鼓勵我們每個人提出這些問題,這些問題是為了促進靈魂對意義的追尋:「你是在為了什麼奉獻自己?」「你的人生是服務什麼目標?」若不認真思索這些提問,就會落入慣性思考與行動的人生,把自己限縮在充滿確定性的舒適圈之中,因而停留在心靈與靈性成長的邊緣地帶。

當霍利斯探討靈魂追求的有意義人生時，其核心元素是故事，也就是我們在探索意義的過程中，用來對自己講述的故事，或是為了迴避這種探索而自我保護的故事。他聚焦於故事的本質（也就是我們所熟知的故事，以及了解我們的更深層故事），這促使我們對生命意義有雙重發現。

本書的另一個修辭手法，是神來一筆的慧點雋語，對人類景況提出犀利的洞察，像是：「最稍縱即逝的，莫過於得到滿足的需求。」這些意味深長的言語是為了引發我們深思，把我們帶進更深的人生體驗，讓我們以新的方式思考我們熟悉的故事情節，或是促使我們不時加以修正改寫。

霍利斯的洞察持續吸引我，那是榮格的核心思想：人類心靈具有神話性的特質，以及榮格發展出來的「積極想像」（active imagination）。本書以優美的筆觸描述這些洞察，促進意識與無意識、自我（ego）與自性（self）之間的對話。因此，這本書可以視為一本指南，讀者不僅要閱讀

它,最好還要將洞察加以實踐,在生命中感受它的實質價值。

此外,本書也處處流露出回憶錄的氛圍,不只是回顧霍利斯一生的生活與工作,更像是一種重新詮釋,也就是關於他和妻子吉兒在退休社區的新生活,以及他們正在經歷的老化歷程。這不只是一種追想,更是一種意像的回憶,讓他有機會透過漫長且充滿挑戰的歷史觀點來和自己對話。作者從這個觀點提醒我們他最喜歡的名言:「事情的本質,從來不是它所呈現的表象。」

重新與迷失的內在連結

真實性(authenticity)是霍利斯常用到的另一個重要詞彙,其論及韌性與重新發現,以及重新找回且重塑那些迷失在現代性社會結構中的部分自我。由於現代性對於表象的執著,而犧牲了生命的深度,但唯有深度才能滋養並與內在重新連結。這種真實性也來自霍利斯提倡的一種態度:「我不是那些發生在我身上的事,我選擇成

為現在的我。」因此，我們不再受限於以過去歷史的觀點看待自我，並以感恩的眼光望向未來。

本書的書名取自美國詩人史丹利・庫尼茲（Stanley Kunitz）在七十九歲寫的詩〈經過〉（Passing Through）的最後一句，可說是恰到好處。這種對於生命短暫本質的體悟，如此令人釋然，而且具有普世共鳴，這正是值得好好珍惜生命的理由。霍利斯大半生以來身為治療師和引路人，皆是透過這個觀點來生活與教導他人，使人們將這樣的洞見內化成為一座燈塔，在人生旅程的汪洋大海上，晝夜不息的照亮四周。

史萊特利博士（Dennis Patrick Slattery）是加州帕西菲卡研究所（Pacifica Graduate Institute）的榮譽教授。
近作有 *The Way of Myth* 與 *The Fictions in Our Convictions*

序言

與靈魂展開深層對話

人生給我們的唯一保證是無常，無一人能倖免。

——珍妮佛・維伍德（Jennifer Wellwood）

過去五年裡，我自願選擇進行人工膝關節與髖關節置換手術，也接受了非做不可的癌症治療，包括手術、放射治療與化療，深部靜脈栓塞手術（DVT），還有兩次重大脊椎手術（因為脊椎骨溶解並骨折，可能是癌症治療導致的後果）。此外，我的骨盆現在是靠螺栓固定在脊椎上。因此，委婉的說法是，我近日遭疼痛與各種治療纏身，尤其我在出院之後，依然繼續從事心理分析的工作。由於我的醫療預後充滿變數，最近我和太太搬到退休社區居住。我在這一切的過程中發現，比起不確定的身體狀況，我把更多心思放在心理分析的工作上。這個發現令我感到驚訝，但我只能歸結為，榮格的理論與心理動力學持續賦予靈魂生命力、引導與滋養，至少對我的靈魂而言是如此。若不是這樣，我現在可能每天以集郵或是編織杯墊度日，或者大概早已離世。

雖然分析心理學並非現代心理治療方法的主流，相對來說，從事這個領域的治療師人數非常稀少，我倒是從來不曾為此感到困擾。假如我們為自己和個案做的

是正確的事,雖然我們的文化非常看重並聚焦於症狀的緩解,而忽略意義的問題(我認為這是精神病理學的根源),但我相信更深層的工作會給予我們應得的補償。當我們與自己的靈魂有隔閡,會產生一種可怕的苦難,必然會外溢到外在世界、人際關係、下一代,並且擴散至人類社會。

　　榮格指出,精神官能症是一種尚未找到其意義的痛苦。當然,他並沒有排除痛苦的存在,但他確實提醒我們,去體會受苦過程的意義,能幫助我們度過艱難時期。榮格的治療模式並不輕鬆,但回報也非常巨大。我不只一次對個案說,我們的合作不是為了治療你,因為你並非是一種疾病。我們的合作召喚我們進入一種更深層的對話,這種對話會使你的人生變得更有趣,並且很可能引領你前往你原本沒有預期造訪的靈性風景,但每處風景都會為你的生命旅程帶來更豐富、更深沉的色彩。

醫治我們的心靈

當我回顧早年職涯，當時我還是人文學科的教授，在那段時間開始教授榮格的觀念，因為我認為他對象徵形成（symbolic formation）的理解非常有啟發性。當我在中年時因為憂鬱而接受了第一次心理分析時，我的內在某個部分意識到，自己對榮格概念的理解非常淺薄。如果那些概念沒有化為具體，使我們對自己的真實生活進行反思，那就只是英國哲學家懷海德（Alfred North Whitehead）所稱的「類別的蒼白之舞」（a bloodless dance of categories）（譯注：榮格認為，真正的心理分析應是深刻且可以實際應用的，而非僅是抽象的概念）。

我曾在州立精神病院從事兼職工作三年，以便完成訓練。由於我在隔離病房工作，院方要求我打領帶，好讓人辨識我是醫院員工，並在下班後可以離開醫院。我在那家醫院體驗到的人類苦難，深深滲入了我生命的各個層面。我從小體弱多病，長大後對醫院既愛且怕。當我在醫院工作時，負責指導我的資深醫生曾帶我去看屍

體解剖。接下來好幾天,我的腦海中都會浮現那具腫脹的屍體,我意識到,我的心靈不知怎地將我重新帶回那個年少時曾逃離的世界。我將這個體會分享給蘇黎士的心理分析師,他簡短回應:「當你面對了自己的恐懼之後,其他人的恐懼就不會那麼難以處理了。」

在那之後不久,我協助一位醫師縫合某位病人的臉,他因為遭人拿椅子砸中而受傷。我不禁對心靈的智慧與自主性感到佩服,它悄然將我拉回以前逃離的那個世界,因為我逃進了那具有吸引力的心智避難所之中。儘管聽起來難以置信,但我的心靈藉由把我帶回創傷之處,來尋求醫治。如今的我已經有足夠的力量承擔創傷,並找到它的意義,這是我童年時的自我無法做到的事。我們知道,感到恐懼是一件很自然且正常的事,但受到恐懼宰制的人生則是另一回事。如今我將那段醫院的實習視為一次真正的個人體會,引領我進入心靈的醫治意圖。

就和其他接受分析的人一樣,我學會尊重夢境與積

極想像的世界,並開始提出這樣的問題:「這個選擇是服務內在的哪一種需求?」這個問題不難,但它開啟了鑑識性的深層探究。無意識的問題在於,它存在無意識中。

近日我住院時,一位護理師問我從事什麼工作。

「那跟一般心理學有什麼不同?」她問。

「嗯,首先,我們試圖與無意識展開對話。」

她思索了一會兒,然後回答,「哦,我懂了。你工作的對象是陷入昏迷的人。」我愈是反思她的話,愈覺得很有道理。因為我們每個人在大多數時候,其實是處於意識的變動狀態。也就是說,我們受到恐懼驅使,以慣性與反射性的行為,去回應人生的挑戰,而且對於潛藏在表層之下的龐大心理劇,幾乎毫無覺察。

在過去半個世紀中,我致力於透過教學、寫作與私人執業等形式,將分析心理學的洞察、態度與實踐,盡

> 即使身處喧囂之中，我們內心深處都能隱隱感受到，我們擁有一個「靈魂」，也就是某個極深的所在，那裡比我們更了解我們自己，在顛簸坎坷的人生旅程中始終陪伴著我們。

可能傳遞給最多的人。對我來說，與其說是一份工作，不如說是一種「召喚」（calling）。如果我認為某件事對我有益，為什麼不與他人分享呢？因此，我觀察到，許多人渴望探索心靈的生活，並願意面對試煉，也願意迎接改變。即使大眾文化本身就是一套規模龐大多樣的分心機制，使我們遠離心靈的生活，仍然有許多人知道，在光鮮亮麗的喧鬧中，似乎少了某種極其重要的東西。在喧囂與表象之下，我們每個人靈魂深處有某個東西正在吶喊，懷著期待的張力產生共鳴。儘管我們可能因為分心而忽略了這個召喚，或是無法理會它的懇求，靈魂仍然持續要求我們去注意它。這些召喚時刻，會透過我們

身體和心理的症狀、夢境，甚至是在輾轉難眠的失眠之夜來到。

探索人生的重要課題

在接下來的章節中，我將檢視與評論，人們為何總是想要從外界尋找「應該做什麼」、「應該成為什麼樣的人」的答案，例如應該如何得到「幸福」。但即使如此，我們內在的某個部分卻更清楚明白，拒絕配合。我希望在接下來的篇章指出一些工具與方法，讓我們能夠與內在靈魂展開更深層的對話。藉由檢視集體文化的狀況如何影響我們（有時是支持我們的旅程，但更常見的是製造更多噪音，使我們聽不見內在的召喚），我們才能開始在各自獨立、偶有交會的生命旅程中成長。

即使身處喧囂之中，我們內心深處都能隱隱感受到，我們擁有一個「靈魂」，也就是某個極深的所在，那裡比我們更了解我們自己，在顛簸坎坷的人生旅程中始終陪伴著我們，並且給我們喘息的時刻、些許慰藉，以

及關於人生方向的重要指引。當我們失去與內在源頭的連結，就只能被迫受制於那些童年時為了生存和適應環境，所需要和習得的無數種適應方式，包括強烈的自我懷疑，以及／或是來自外在世界最猛烈敲擊我們的噪音。

讓本書成為你的夥伴、召喚、引導與提醒：我們在那瘋狂世界中焦急尋找的東西，其實就蘊藏在我們的內心深處。讓本書喚醒你在孩童時期出於直覺早已知道，卻因為現實的催促、要求與侵擾而遺忘或擱置的事情。讓本書成為你的朋友，陪伴你展開人生旅程。讓它再次連結你與我們遠古祖先所尊崇的智慧，並讓這段我們稱之為「人生」的神祕旅程，帶來嶄新的意義、深度與尊嚴。

詹姆斯・霍利斯（James Hollis）博士
華盛頓特區　2024 年

1
幸福

找到你所愛的,
使其成為你的全部

我們活著不是追求成功，而是持續以積極的態度面對失敗。
——勞勃・路易斯・史蒂文森（Robert Louis Stevenson）

在紀伯特（Jack Gilbert）的詩作〈辯方的簡要辯辭〉（A Brief for the Defense）中，敘述者審視了世間的悲傷、暴力、飢餓與孤立，其結論是即使在最黑暗的時候，世上還是存在喘息的瞬間、歡笑的時刻，以及人類精神中那得到自由的罕見時刻。[1] 敘述者說，在眾多苦難之中，我們仍必須冒險去感受活在「無情熔爐般的世界」中所出現的歡愉，甚至喜悅。紀伯特在詩的結尾懇請讀者記得那些散落在苦難中的某些快樂時刻，這些快樂與苦難同樣真實、同樣激動人心、同樣能夠定義我們的人生。有時候，這無情熔爐般的世界中，真的會出現喜悅的時刻。

這些詩句出自理解人生真相之人，假若我們不抓住這一些喘息、庇護與再生的時刻，它將不會再次降臨。如同莎士比亞在《理查二世》（Richard II）所說的，這具覆蓋在骨頭上的肉身，其實只是借來的，而且我們活得愈久，債主似乎愈想要索回。

在這個我們稱之為人生的短暫借貸交易期間，我們

被告知，要過幸福的生活。我曾努力追求幸福，也曾有過短暫心滿意足的時刻，但是若要以幸福作為人生的目標或目的，這件事對我來說很不真實。因此，我樂於與你同在這個想像的空間，反思這個難以捉摸又轉瞬即逝的東西，我們稱之為「幸福」。

這兩件事怎麼可能同時成立？我們活在「無情熔爐般的世界」，但又被要求過著幸福的生活。我最近進行一項痛苦的手術，護理師對我說，「去你的幸福天地吧！」我以尊重的心情對她說，「這裡就是我的幸福天地。」我想同時尊重她的善意，也忠於我飽受創傷但務實的看法。我說「這裡就是我的幸福天地」時，我正承受著痛苦，但我並沒有忘掉人生中偶爾出現的輕鬆時光。因此，當我經歷那些快樂的片刻時，我並沒有忘記，在某個地方，總有人此刻正在受苦。

幸福的悖論

　　劇作家山繆・貝克特（Samuel Beckett）筆下有一個

人物,他在等待一個永遠不會出現的人,在等待的過程中,他注意到,世上的眼淚數量是恆定的,這裡若要有人哈哈大笑,那裡必定有人哀痛哭泣。這個邏輯或許令你感到沮喪,但這是一個非常榮格式的挑戰,也就是承受這些對立的張力,同時尊重彼此的主張。假若偏袒或犧牲其中一方的觀點,最終都會導致某種程度的惡果。

那麼,所謂的「幸福」到底是什麼?幸福是一個本體論概念嗎?換句話說,它以某種可辨識的形式存在嗎?若它是某種實體,它是一個名詞嗎?若是一個名詞,它是什麼樣子?它躲藏在某個地方嗎(像是南達科他州)?假如我們夠聰明,是否都能夠找出那個地方並搬去那裡?我們確實花了很多時間想像,我們可以從一輛新車、一個新家、一位新伴侶身上找到「幸福」。我們能找到保證通往幸福的那條路嗎?我們甚至應該嘗試尋找幸福嗎?小說家古斯塔夫・福樓拜(Gustav Flaubert)曾得出一個結論,「愚蠢、自私且身體健康是得到幸福的三要件,不過,若你不夠愚蠢,其他條件就毫無用處。」[2]

我一點也不想被視為反對幸福的人，因此我最好把我的想法解釋得更清楚一點。我真心希望你能得到幸福，也祝福我自己、我的孩子，以及世上人類的下一代都能得到幸福，但我已學會不要期待會進入某個被稱之為幸福的穩定狀態，並一直停留在那裡，直到這齣上演了數百年的動盪不安肥皂劇終於落下帷幕。

有些人因為無法長久得到快樂而不開心。許多經常使用 Facebook 這類社群網路的人，看到別人似乎很幸福，自己反而感到沮喪，例如看見朋友和出色的孩子以及家人享受著愉快的時光。很少人會把人生悲慘的一面放上網路，於是我們往往會假定別人在這場「幸福比賽」中勝出了，而我們落敗了。

假設你現在正在看一張照片，當中的人相當幸福。[3] 這個小寶寶正在微笑，看起來快樂又滿足。他是不是最喜樂的人？他是不是處於人生的巔峰？他如此滿足，以致無法想像有一輛苦難列車在上午六點四十五分，以時速 140 公里的速度從紐華克（Newark）出發，朝著他駛

來。因為他還沒有上過數學課，沒有能力計算這列火車何時會抵達他家門口，我們就暫且讓他像蛤蠣一樣開心（happy as a clam）一會兒吧。不過我們知道，蛤蠣的意識並不高。然而，正是我們的意識以及結合各種不同情境的想像力，使我們在難眠的夜裡承受折磨。

在芙樂兒‧愛德考克（Fleur Adcock）的詩〈事物〉（Things）中，敘述者被吵醒，遭到各種令她煩惱的事物包圍。她努力想要平息令人煩憂的罪惡感、焦慮與恐懼，但她所畏懼的一切都聚集到她床邊，而且情況愈來愈糟。[4] 有誰沒經歷過那些在黎明前悄然來襲的憂慮呢？

不過，我們多久會問自己這個問題：「我們注定會得到幸福嗎？」如果這是注定的，而我卻不幸福，那是不是我出了什麼問題？對多數動物來說，幸福似乎不是主要考量。只要有能夠睡覺的地方、不受掠食者的襲擊、可覓得的食物，似乎就足以滿足牠們的本能需求。但人類這種動物卻仍受到一切的混亂所迷惑、困擾與茫然。

我在瑞士求學時，曾與一位律師談妥，在他出門上班的時段租用他的公寓，充當我的諮商室。有一天，他提早回家，撞見有人在哭泣。他後來問我，為何想要花時間陪伴哭泣的人。我沒有告訴他，我在精神病院實習的時候，曾經看過屍體解剖。那個經驗並不會讓我開心，但我很高興能更了解人體的構造，以及解剖是如何進行的。我對他說，能陪伴他人面對痛苦，讓我感到快樂且謙卑，但我想他沒聽懂我在說什麼，於是我們的對話就轉向閒聊說笑了。

我的重點是，或許人生本身並沒有意義，但人類是尋求意義的生物，本能的想要了解生命。若找不到意義，我們會試圖與人生建立某些有意義的關係。我們從原型心理學（archetypal psychology）、原始宗教體驗的核心部分、量子力學，以及藝術家的眼光學到：萬物皆是能量。物質是動態且暫時性的能量排列組合（法國哲學家德日進觀察到，當精神〔spirit〕放慢到肉眼可見的速度，就成了物質）。

幸福的可能性

很顯然，一個宗教象徵、一段祈禱、一件藝術作品，或是一種具有表達性的實踐，能對我們的心靈產生影響，並在能量受到阻礙、削弱或分裂時，重新引導那股能量。意義讓生命變得可以承受，也是我們得以存在「無情熔爐般的世界」的一個禮物。正如來自巴塞爾（Basel）且充滿激情的語言學家尼采（Friedrich Nietzsche）曾說，一個人只要找得到「為什麼」（why），就能忍受任何的「如何」（how）。

不過，幸福的概念顯然具有龐大的商機。你在廣告裡絕對不會看到一家人愁容滿面的坐在豐田新車裡。在益智節目《危險邊緣》（Jeopardy）的廣告時間，觀眾可以看到各種以長者為目標族群的可怕老年疾病，以及各種巧妙名稱的藥物，聲稱可以對症治療，但這些藥物會帶來副作用，而這些副作用的警語以極快語速讀過。

此外，還有正向心理學（Positive Psychology），其強

調要採取正確的思維與行為。這種時髦的生活方式是典型的美式心態。美國人的「我可以做到」(can do)精神，再搭配朝著目標勇往直前的意志，據說可以帶來快樂與幸福感。二千五百多年前的聖經人物約伯（Job），在菁英階層不受到歡迎，但他可說是正向心理學的始祖，認為正確的思維與行動可以帶來豐盛與幸福（我不打算說他後來經歷了什麼事）。

耶魯大學最受歡迎的課程之一《幸福科學》(The Science of Well-Being)，由蘿莉・桑托斯（Laurie Santos）博士授課，據說這門課「揭示關於幸福的誤解，導致我們以特定方式思考的心智中那些惱人的特性，以及可協助我們改變自己的研究」。[5] 修這門課的學生被要求要採取新的行為，並期待產生新的結果。難怪不快樂的大學生會這麼喜愛這門課，因為他們深信自己不只能解決自身的問題，還能解決整個社會的問題。

如果宇宙願意配合，或許打造幸福人生的烏托邦願景不但有可能實現，而且是所有人夢寐以求的。假如正

確的態度與做法能防止癌細胞轉移，或是在雲霄飛車脫軌前發現車體上那鬆脫的螺栓，或是避免孩子發生交通意外……但苦難終究會降臨在每個人身上。或許桑托斯教授所謂的「心智中的惱人特性」，是出於直覺感覺到，我們在人生旅途中那些令人厭煩不適的心理情結。是的，我們要有意識地面對這些情結，否則我們就會被困在痛苦之中。每一種情結都是對某種感知的防衛，是在它們當時形成的情境中，由當時的需求所塑造出的碎片式世界觀。不同的力量會在我們內在產生不同的訊息中心，但我們每個人最終都會遇到失望、背叛、哀傷與失落的時候。

是什麼讓你支持下去？

我們所謂的「幸福」，大多取決於情境。那些在古羅馬競技場觀看生死鬥的觀眾，是否對他們眼前犧牲的生命有任何想法？抑或只會一邊吃爆米花、一邊欣賞這場表演？我們看美式足球賽的時候，是否會想到，那些年

輕人的身體會因為我們的娛樂消遣而受傷？我會。對於口渴的人來說，喝一杯水就是幸福的瞬間。

我想說個小故事，有一個人在沙漠有氣無力的緩慢前進，終於遇到販售領帶的攤販。「我要領帶做什麼？」他嘲笑小販。最後，他舉步維艱的爬上一座小山丘，看見了綠意盎然的綠洲，泉水噴湧。他使出最後的力氣衝向入口處，警衛攔下他，並說：「抱歉，先生，你必須打領帶才能進入。」

我們會將沒有苦難定義為「幸福」嗎？我們是否利用麻痺或轉移注意力的方式（例如毒品、酒精、物質主義），來處理這個問題？我們是否應該擱置「幸福」這個問題，等到來生再解決？即便如此，那也只不過是另一個人生，而不是此刻充滿苦難的人生。

在這個世界上，若要擁有快樂，我們需要哪種形式的否認、願望實現或道德無知？說實話，我們在歡樂時光（Happy Hour，酒吧的優惠時光）真的快樂嗎？或只是

對所有事情的強烈感受變得麻木。如果一個人要長時間處於近乎永久的快樂狀態，似乎需要具備否認和壓抑的能力，以及隨時轉移注意力的本能反應。這樣的人生往往會傾向逃避，而不是全心投入，表象性的事務擠壓了蘊藏真實自我所在的深處。這樣的人生，是一種不斷渴望只經歷上升（希臘語 anabasis），卻不經歷下降（希臘語 catabasis）的存在狀態，也就是只渴望成功和榮耀，卻不願經歷那條必須經歷且具有啟蒙意義的黑暗之路。

如同我在序言提到，過去兩年來，我待在醫院與復健中心的時間，跟我待在外面的時間一樣多。因此我有許多機會反思榮格在晚年時對「上帝」（God）的定義。榮格在 1959 年那場知名的 BBC 訪談中，曾隨口說他不「相信」上帝，原因是他「認識」上帝。後來有人請他進一步解釋得清楚一些，榮格說（我用自己的話轉述），「我所謂的上帝，是猛然闖進我的人生道路，改變了我有意識的意圖，不論是好是壞。」

我罹患了兩種癌症，並接受過程很痛苦的治療，接

著發現脊椎骨折，進行了幾次高風險的手術，因此我長時間與疼痛共處，至今心中也有許多持續存在的疑問。我認為榮格在訪談中那句近乎異端意味的定義，既挑釁且發人深省，因為這個定義要求自我（ego）重新調整對世界的想像、行動目標，以及預期結果。我不再像最初那樣問：我要多快才能恢復我原本的生活？例如，到世界各地旅行，與許多有想法的人交流。我被迫要思考：在我的身心能力大幅下降的情況下，我能夠做什麼，來實踐我最珍視的價值，同時恰如其分的扮演好我在婚姻中的角色？又如何與這種可能隨時惡化、導致癱瘓或死亡的不確定預後共處？

佛教認為，痛苦來自對現實的抗拒，然而，我們對於世界應該是什麼樣子（而非如實面對它實際的面貌），有我們自己的想像和欲望，並有很深的執著，這又加劇了我們受的痛苦。我們愈是執著於這些幻想，幸福就愈會遠離我們。

我很幸運，有一位關愛且忠貞不渝的配偶（我的太

太吉兒），她是我保持韌性與身體復原的一大功臣。但這依然是一場艱難的掙扎，我在最後一次手術後寫了一首詩，描述這個情況。

提燈女士

我曾非常懼怕醫生，以致決定自己當一個醫生，
心想我可以藉此學會抵抗恐懼的祕訣。
不知不覺中，我竭力遠離痛苦這個可憎王國，
搾取靈魂的貪婪身體。
我在中年離開學術界，受訓成為心理分析師。
我在精神病院工作期間，
我的導師，頭髮花白的參戰長官說，
「跟我來，霍利斯，我有個病人很適合你。」
我們進入一個房間，裡面有許多旁觀者，
桌子底下有一個破碎的人，我當時這樣以為。
我將分散的身體部位組合起來，
直到看出一個女人的樣子。
我現在懂了老長官的笑話。

我一直逃避的，正凝視著我。
正如榮格所說的，
內心拒絕的以外在形式找上門，
我們稱之為命運。
數十年後的現在，我再次從醫院回家了。
身上滿是手術疤痕，放射線造成的灼傷，
某個地方的工廠製造的義肢發出噹啷聲響，
我渴求暫時緩解。我不想放吉兒一個人在家，
於是我再次回家，直到下次入院。
在整個過程中，
她的臉在濃霧覆蓋的海洋的另一邊呼喚我
進入這個昏沉蒙昧的世界
棍棒與手術刀在這裡執行日常工作。

苦難帶給我們的最大收穫，是一個榮格希望每個人思考的問題：「當一切都無法支持你時，是什麼讓你支持下去？」

苦難帶給我們的最大收穫，是榮格希望每個人思考的問題：「當一切都無法支持你時，是什麼讓你支持下去？」這是一個多麼美妙的啟發式提問！這個問題會伴隨我們一生，因為遲早有一天，我們會回到孑然一身的狀態。儘管我很感激現代醫學的幫助與親友的溫暖支持，但在許多黑暗時刻中，我們仍全然孤獨，同時必須思考人生丟給我們的根本提問：當你無法掌控你的人生時，你要怎麼過你的人生？

我們所受的社會制約，以及童年時為了適應那個自己無法掌控的世界而產生的無數必要調整，會導致一個主要的副作用，就是我們出於本能的指引會逐漸遭到削弱，這個內在的引導會告訴我們什麼才是真正適合自己的，並在面對苦難與挫敗時，仍有堅持下去的力量。

尋找內在的他者

幾年前，我與一位倫敦的播客主持人進行視訊訪談，他問我，最想訪問的歷史人物是誰？我在伊利諾

州春田市長大，因此我第一個想到的人物是林肯總統（Abraham Lincoln）。第二個則是我小時候崇拜的棒球選手盧・蓋瑞格（Lou Gehrig），當時的我對於盧・蓋瑞格氏症（又稱漸凍症）毫無所悉。但後來我想到，如果我們大多數人有機會的話，會迫不及待想回去和十歲的自己談談。

現在的我們知道，那個孩子最需要的是什麼：榜樣、教導、指導、肯定，最重要的是，被允准可以感受自己真實的感覺，並勇敢表達從內心湧現且渴望展現出來的東西。需要有人告訴那個孩子，他天生就已具備面對人生試煉的能力，只要他相信自己，並堅持下去，一定能克服那些衝突。需要有人告訴那個孩子，他感到恐懼是很正常且自然的事，但人生依然會召喚他，即使面對恐懼，也要活得完整。他需要知道，他「內在的他者」（Other）才是真實的自己，而尊重那個珍貴的靈魂，並在「無情熔爐般的世界」中，勇敢實踐靈魂的召喚，將是他終生的任務。

有時候,你可能偶爾與人分享那個內在小孩的事,但你真正的任務,是與那個孩子展開終生的對話,並創造方法,讓他探索與展現靈魂對喜樂、創造力、用各種方式揮灑生命力的渴望。更重要的是,大人要記住,在充滿琳瑯滿目的選擇,以及壓力重重的代價的人生叢林中,那孩子出於直覺所知道的事,也正是我們長久尋覓的羅盤導航,指引我們穿越最黑暗、最寒冷的時刻。

當我們願意冒險踏上旅程之時,內在會有某種力量湧現,支持並引導我們,那是一種深層的知曉,即使在最迷惘的時候也不曾消失。如果我們未跨出通往未知那一步,內在的某些東西將永遠無法降生在這世界。若一個人只是受到已知的事物所吸引,那個原本內在潛能可能創造出來的孩子將永遠受困於櫃子裡,屆時世俗的孩子只能代替我們清理那櫃子。

仔細傾聽靈魂的召喚

對我們每個人來說,這個召喚在每個黎明升起,等

著我們做出選擇。哈姆雷特（Hamlet）言簡意賅的說，「生存或毀滅？這真是個難題。」沒有人能逃脫或躲避這個提問，而不付出代價。我們受託為生命這幅偉大鑲嵌畫貢獻的微小碎片將遭到隱藏，而這整幅畫的完整性也因為我們的膽怯而永遠殘缺。

或許你會問，在這一切之中，我們珍視的「幸福」究竟在哪裡？我們是否尚未意識到，如今對幸福的焦急追求已經融入了更廣大的生命討論框架之中？幸福這個議題有其正當性，也不會消失，但它的確開始以不同的方式來定義。

信任那個內在的聲音，無可避免會使人與世界產生衝突，首先始於原生家庭。沒有人能逃避那樣的衝突，因為衝突是生命動態的核心。無意識裡的某個東西永遠在尋求在意識層次的表達，而且絕不想永遠遭到忽略。

這個聲音就是靈魂的聲音。那些吵雜與擾人的情結固然也有自己的聲音，但還有更大的聲音超越了它們。

有個情結的聲音喊著:「不計代價要得到安全感!」卻沒有領悟到,安全感的代價是更高的召喚遭到忽略和未被回應。我們沒有在生命召喚我們時現身。另一個聲音喊著:「設法融入吧!」卻不明白這個誘人的需求會破壞靈魂的表達,安於「夠好」就無法「更好」。還有一個聲音哀嘆:「我會如此孤獨。」卻不知道,或許永遠不會知道,當人與靈魂展開生動的對話時,就永遠不會感到孤獨。那裡永遠會有某種豐富且投入的臨在(presence)可以回答這個問題:「當一切都無法支持你時,是什麼讓你支持下去?」

我不認為我們來到這世上是為了追尋幸福,去實現不成熟的欲望,也就是渴望有人照顧我們,或沉溺於那些關於整體性的自戀式幻想。我們充其量只得到一小部分的滿足,甚至可能一無所獲,而現實人生對我們的要求遠不只如此。或許「順從你的熱情」是更貼切的說法,前提是你要記得,passion(熱情)這個字源自拉丁文 passio,意思是受苦。即使我們獲得了傑出的成就,其過

程也必然伴隨著苦痛。

找到值得你奉獻的目標

你最看重的是什麼？以至於你願意承受它帶來的痛苦，而這樣做的過程中，又能使你的人生旅程更豐富？或許我們可以得到一個結論，人生的目的並不是成功或幸福，而是分辨出什麼值得我們服務，並且奉獻自己為其效力。

於是，我們在人生的道路上，時而經歷喜樂，時而又走進苦難的試煉。靈魂的聲音每天都在對我們低語。假如我們長時間不予理會，它就會在我們的耳邊發出雷鳴般怒吼。若我們依然忽視它，它將會破門而入，儘管我們會將它的出現視為命運，而不是我們一連串無意識的選擇所造成的各種後果。

到最後，生命會消耗我們。在過去，欲望（desire）一詞的本意是指引水手渡過巨浪翻騰海洋的星辰。如

今，欲望會讓我們陷入困境，而困境正是最能展現靈魂的所在。若我們想活得完整充實，目標便不是追求幸福，而是為我們深愛之物全然奉獻。把幸福當作人生目標，實在太過狹隘，儘管其經常在最艱難掙扎之時短暫出現。

這個聲音每天對我們說，「起來，出門，再次走進世界。你會再次被擊倒，但這正是你的人生應該要前往的地方。靈魂與世界等著看你再次鼓起勇氣，接受挑戰，迎向新的一天。」希臘小說家尼可．卡山扎基（Nikos Kazantzakis）曾寫下他對上帝的禱告：「我的禱告是士兵向將軍報告：這是我今天所做的事，這是我如何奮戰來守住我負責的戰場，這是我會遇到的阻礙，這是我明天的作戰計畫。」[6]

靈魂服膺於無形的召喚，它有時甚至能夠建構制度，或是形塑集體意志，使人們承認並回應那無形的召喚和需求（正如榮格所說，探索宏偉的科隆大教堂的意義，並非是探討礦物學）。如果你冒險夠多，你將蒙受其

瓦解虛假自我的祝福，請記得要向她道謝，是她將你帶到這個世界；她為世界的壽衣染上鮮紅的生命氣息；她引領你踏上人生旅程。

假如你有時因為身心俱疲、無助失落而倒下，也沒有關係。她會呼喚你，而且會不斷呼喚你。請相信，那森林深處的聲音會持續召喚你，每天為你在林中留下麵包屑，讓你可以跟隨。最終，她會殺死你，但同時也給予你人生最美好的部分。因此，從沉睡中醒來吧，找到你所愛的事物，讓它吞噬你。然後，你也許會驚訝的發現，自己竟然感到幸福……雖然只是一會兒。

2
重新審視人生的劇本
自我對話的必要

當大眾與主管機關將矛頭指向臉書（Facebook）時，它搖身一變成為了 Meta。像是從一艘將沉的危船逃到一艘剛下水的新船，沒有比這更棒的事了。Meta 是希臘文，意思是「之後、超越、在……之中、在……後面」，也能在常用詞彙中看見，像是形上學（metaphysics）、新陳代謝（metabolism）、隱喻（metaphor）等。「隱喻」的字面意思是「帶過去」，將 A 的意思帶到 B。舉例來說，當你經過一陣忙碌之後，你說「我是個累壞了的牛仔」，大家都聽得懂你的意思，即使你並不靠牧牛維生。

詩人艾倫‧泰特（Allen Tate）的詩作〈餐會後的演說〉（An After-Dinner Speech）使用「我們是落敗洞穴的眼瞼」（We are the eyelids of defeated caves）這個有點晦澀的隱喻，在某個領域可知的東西，可以成為通往未知領域的橋梁，照亮那些難以接近的事物。同樣的，我們可以說，當臉書不再需要承受司法調查的壓力時，它很輕易變形為另一個全然不同的東西。

過去的古老故事依然控制著我們

我以心理分析師的身份與個案合作時,通常會遇到各種形式的阻力。在比較明顯的層面,有時個案會對一些主題避而不談,因為他們知道那些主題帶有壓力,或是迫使他們處理一些不想面對的事。更常見的情況是,個案經常表達對自己的失望,因為他們一再重複相同的無益行為,而那些行為正是他們尋求心理諮商的原因。

誠然,我們能夠,也必須為自己的改變或不改變,以及兩者所帶來的結果負責,但我們不要忘了,在各式各樣的行為之下,有一個潛藏在內心深處的古老故事或心理模式正在進行,可以稱之為後設故事(譯注;meta-story,或譯作元敘事。作者曾在其他著作或訪談解釋其為早年生活經驗所形成的潛在故事。具有暫時性、侷限性,並且在人生早期階段已經形成,而我們成年後則繼續無意識地服膺這些故事,影響著我們的選擇與行為),或是後設情結(meta-complex)。這個故事未必是我們有意識察覺到的,但它的影響是顯而易見、持續存在,而

且極其有害。

但首先,讓我們先談談情結(complex)。我認為在榮格對我們了解心理運作方式的所有貢獻之中,「情結」或許是最有助益和實用的概念。簡言之,情結是帶有強烈情感能量的經驗,它存留在我們的心靈中,當它遭到觸發,會篡奪自我(ego)的狀態,並重演其過往的訊息(message)。「情結」一詞由德國柏林精神科醫師希奧多‧濟安(Theodore Ziehen)在 1898 年率先提出,但榮格進一步擴展了這個概念的重要性。當榮格在蘇黎士的伯格赫茲利診所(Burghölzli Klinik)進行聯想測驗(Association Experiment)時,[1]他注意到,即使只是按照指示朗讀詞彙,一般人也會出現意識的擾動。

同樣的,榮格在他的醫學院畢業論文中思考一件事:靈媒如何能從自我控制的狀態解離,讓某些「聲音」透過她發出來。在這兩個領域可以清楚看出,有一些能量叢集(cluster of energy)能從自我意識分離,至少不受到自我控制,當它遭到觸發,就擁有篡奪自我狀態

的力量,並執行它的意志。

當人們質疑自己在某個衝突中為何會產生某些行為,或是說「我也不知道自己是怎麼了」或「我一時失控了」,他們說的就是這種解離能量叢集。我們都有這些東西,因為我們都有個人的歷史,我們的心靈生活也累積了某些情緒張力,時時刻刻如影隨形。

當意識甦醒,我們有時會以痛苦的方式覺察到那些能量叢集,然後開始考慮到將內在的豐富呼應納入生命的理解之中。數十年來,榮格對情結有各種形容,像是「碎片心靈」、「小人物」、「帝國裡的叛臣」、「櫃子裡的骷髏」、「意識的專制篡位者」、「自我的影子政府」、「小精靈」與「分離的人格」。就像有一位心理分析師在開始進行諮商時會說,「讓我告訴你,這些孩子這星期又做了些什麼」。

我們會說,戀愛中的人是瘋狂、心神恍惚、著了魔一般,因此,我們可能會發現,現實的瑕疵遲早會磨損

幻想的錯覺,而對方真實的一面則會浮現出來。我們或許可以用稍微誇張的方式說,當我們陷入某個情結時,會暫時且象徵性的精神錯亂。誰不曾一時被憤怒沖昏了頭,或因羞愧而說不出一句話?當這個情結的能量消耗殆盡後,就會退回無意識中,留下我們來面對其後果。

自我覺察的旅程

我們再回到後設(meta)的主題。每個情緒都帶有一些能量、片段的劇本、身體症狀表現,以及對現實的扭曲看法。大多數的情結是無害的,但它會以哲學家維根斯坦(Ludwig Wittgenstein)說的生活形式(Lebensformen),一再反覆出現,無論是否在我們的預期之中。我們甚至可以清楚看出,日常生活的許多時刻正是在展演這些情結,進一步強化其自主力量,甚至使其能主導我們生命中的大部分事物。我們不一定會意識到自己在不同時刻所做的事。無論是否進行心理治療,我們有多頻繁地臣服於這些情緒高張的個人歷史訊息,則是需要我們持續

探究的課題。

我們的自我覺察之旅，大多始於，也常終止於辨識這些在日常中運作的情結，但我們很少會思考，或許有更深層的力量在控制這些情結。如果我們說，每個情結是一個關於自我、世界，以及兩者之間互動的「故事」，我們也可以承認，在我們的內心深處還藏著所謂的後設故事，並構成我們與生命互動的全部方式。

那麼，什麼是後設情結？嗯，當一個人試著理解自己經歷的事件時，所產生的心理反應，就會形成情結。因此，情結不是當下的客觀觀察，而是高度主觀的解讀，一種「詮釋」，試圖建立對那個經驗的某種反應或角色。這種「解讀」因人而異，這也解釋為何住在同一屋簷下、吃著同樣早餐的兄弟姊妹，會發展出截然不同的人生模式，因為他們對起伏跌宕的生命經驗有著獨特的詮釋（你會發現，兄弟姊妹對原生家庭與成長經驗的描述，也可能有巨大的差異）。

如果某段經驗是令人愉快、支持性的或是有保護作用，人們往往會傾向靠近它。即使那經驗並不愉快，人也可能在一生中反覆尋求重現它，不自覺臣服於那個早期的古老故事，讓它成為主導生命的力量。例如，父母若是溫暖、慈愛且樂於支持，孩子就會天真的期待其他人也有這些特質。不過對許多人來說，情況恰好相反。最初的對象（也就是扮演父母角色的人）會成為虛擬的上帝：強而有力、無所不能，或許還會懲罰人，甚至經常缺席。但一般來說，這種互動的動態、策略與學到的教訓將會內化成常態性的行為準則，成為暫時性的人生劇本。

另一個深植在每個人心靈的核心觀念，雖然有無限多種版本，但基本上就是圍繞著「信任」這個議題。那些一直得到支持與保護的人，他們很可能有某種程度的單純，期待他人無論何時何地都是值得信賴的。至於那些曾經受到辜負、需求與利益遭到忽略的人，普遍的不信任感，甚至是偏執多疑的態度則會主導他們的人生。父

母都知道,教養兒女最困難的決定之一是該保護孩子到什麼程度,或是讓孩子經歷這個世上無可避免的創傷。保護過度會使孩子太過天真與不成熟,而保護不足會使孩子受到痛苦的傷害,削弱他們的能力,並留下傷疤。

我用幾個例子來說明。每個孩子從嬰兒期開始,一直到老年,都會一直試著解讀這個世界,以古老但關鍵的提問來找出其中的「訊息」,例如:你會一直在那裡嗎?我可以相信你會履行承諾嗎?當你沒有照我的期待行動時,我該怎麼辦?這說明了什麼,是你出了問題?或是我不值得被回應?同樣地,你對我的行為(或對我漠視的行為)會在心中形成一種暫時性的「我」的定義。即使你只是累了、分心了,或正煩惱自己的問題,我仍會將你的缺席解釋為:我不值得你關心。

那麼我該如何在後續的人際關係中自處?我會從此躲避親密關係,使自己不再受到同樣的傷害嗎?我會蜻蜓點水般與人交往,因為我迫切想找到更能反映我需求的人,最後卻發現,我依賴人的本性導致了相同的結

局?我是會停下來並意識到,我那傷痕累累的人際關係是我的後設故事所導致的,那套早已根植心中的內在故事,不斷在我與外在世界的可能性之間產生影響?

觸發深層的心理模式

瑞士畫家亨利・福塞利(Henry Fuseli)在 1781 年的知名畫作《夢魘》(Nightmare),以戲劇性的手法呈現了有時在我們夢境中出現的無意識力量。[2] 那幅畫生動呈現一種我們遭到深層內容附身(possession)的狀態。我有一位名為娜歐米(Naomi)的個案,她的狀況雖然不像福塞利的畫作那麼戲劇性,但她也進入了某種附身的狀態。娜歐米生長在貧窮的大家庭,從小就被迫擔任替代父母的角色,照顧年幼的弟妹。她的需求與對美好生活的渴望,完全無法被滿足。多年之後,當她已擁有財富與成就,卻在與丈夫分居後陷入身分認同危機,於是她又掉入了過去那段匱乏故事中,開始變得有報復心、貪婪、好說謊,被一股渴望補償早年失落的力量所附身。

她不再顧及公平互惠的念頭，她隱匿資產、在法庭上說謊，並試圖拿回她認為本來就該得到的東西。她選擇掌控局勢，不願再次面對過去那種失落、匱乏與羞辱的傷，儘管她所採取的方式與她平時所宣稱的價值觀並不一致。

她並非臨床意義上的精神病患者，但她的確被一段過往的內在創傷所驅動，決意不惜一切代價要重寫這段過去。她最基本的現實感與互惠觀念遭到報復、貪婪，以及對那位讓她失望之人的征服與摧毀欲望所取代。她疏遠的伴侶甚至夢見她支配他，因為他的心靈已經將她內化成為陌生的新身分。其實，她並沒有變成另一個人，而是在她的後設故事推動下，重新成為那個曾經的自己，一個誓言不再當受害者的人。

當離婚這樣的劇烈動盪會喚醒那段過去的故事，像夢魘壓在她的胸口，就像福塞利的畫作《夢魘》一樣，篡奪了當下的現實。

當某個深層的後設故事被喚醒，它在內建的能量持續期間，主宰了意識層次的生活。《亂世佳人》(Gone with the Wind)裡的郝思嘉（Scarlett O'Hara）起誓說，她絕對不再當窮人，從此成為一個貪婪、執著、有心計的女人，娜歐米也像郝思嘉一樣，成了與那個童年貧困的小女孩完全相反的人。現在，她那已成年的孩子與往昔的丈夫付出了巨大的代價，她也失去了溫暖慷慨的個性，如今的她開始服務一個復仇與補償的天使，這天使是為了捍衛她的福祉而出現的。這個古老故事長久以來潛伏在她的心靈深處，當外在壓力來臨時奪取了主導地位：讓每個人都成了受害者。過去的娜歐米毫無力量可言，就像郝思嘉一樣，後來她成為權欲薰心的女人，但那權力是從過去故事冒出來的虛假偽權力。

早年經驗影響現在的決策

我曾在其他書裡寫過兩位五十多歲男人的故事，他們各自經歷了三次痛苦的婚姻，每次婚姻都因為他們害

怕遭到拋棄的恐懼而失敗。

這兩人在十歲時，都曾目睹自己的母親跟著陌生男人離去，再也沒有回來過。因此，他們的後設故事從那些心靈灰燼中浮現：「如果我無法信任她，我怎麼能夠信任你？」雖然這個推斷不完全正確，卻是那場創傷性失落推演出來的合理結果，然而，它果不其然的導致了佛洛伊德所謂的「強迫性重複」（repetition compulsion）。

這兩個男人的後設故事有強大的主導力，導致他們對配偶過度懷疑，甚至竊聽她們的電話。其中一人甚至在徵信社無法找到任何外遇證據後，還要求對方接受測謊。在兩人的內心深處，童年時期遭到拋棄的恐懼實在太強烈，以致成為他們看待配偶的濾鏡。到最後，他們的配偶無法承受那種持續的懷疑與監控，只好結束婚姻，這在無意中確認與強化了後設故事的訊息：「看吧，她是不可信賴的，而這個女人就像她一樣，就像我所擔心的。」

> 「我做這個選擇,是出於什麼樣的內在動力?」我若不問這個問題,我很可能又會回到自動駕駛模式,再度受到後設故事所限制,讓它在心靈的各個層面發揮作用,並奪走我選擇的自由。

在這兩個例子中,儘管有能力做出不同的選擇,一個人實際的身分認同,以及成長中本應發展出的韌性,都遭到早年的經驗所取代了:「他們當初讓你失望了,而他們未來也一定會一而再、再而三地讓你失望。」令人悲哀的是,不只是個人,連伴侶與孩子也都遭到這股過往的敘事力量所犧牲,因為這些後設故事轉移歷史,使過往的悲劇性結局一再重複發生,實在令人遺憾。

一直過著別人期望的人生

在另一個臨床案例中,辛西亞是家庭與社交圈中的

「可靠人物」，若家人有事，或是家裡有活動，都會找辛西亞處理。所有人一致認為，辛西亞是個使命必達的人，從不推辭，也不抱怨。顯然，她似乎樂於承擔這些責任。然而，曾有人問過她，是否真的心甘情願？辛西亞是否曾經問過辛西亞，她對自己人生的真正感覺是什麼？對於這些問題，辛西亞會表達她的樂意，或至少表示接受別人對她的這種期待。但實情是，辛西亞的人生就像一座她無法逃離的牢籠。換句話說，辛西亞無法誠實面對自己的真實感受。

辛西亞是家裡的長女，父母的婚姻有很多問題。她從小就學會在父母爭吵的時候，默默承擔起照顧家庭的責任。如果他們無法扮演好大人的角色，她就必須填補那個空缺。她去完成父母未竟的責任，或是用開玩笑轉移其注意力，或是用優異的學業與體育成績轉換家裡揮之不去的陰鬱氣氛。每個人都愛辛西亞，每個人都對她寄予厚望，但沒有一個人（包括辛西亞自己）意識到，她其實只是個孤單無助的孩子，正在拼命盡其所能，只

因她周遭的人未能扮演好自己的角色。

在辛西亞的例子中,當她開始處理自己的夢境,打開了歷史的小盒子。她的夢境一再出現童年時期充滿憂慮的情境,使她感到筋疲力竭、害怕又緊張。因為她承擔太多其他人的責任,以致沒有時間可以留給自己,也從未被允許放鬆或休息。

當她開始探索潛伏在人生表象之下的後設故事,並意識到那個故事對她的全盤掌控時,第一個念頭是逃到南太平洋小島,將所有責任與計畫拋在腦後。當然,這個幻想是可以理解的,但也是沒有面對現實的逃避。對她來說,比較難以做到的是中庸之道,也就是既不是盲目承擔,也不是逃離一切。她需要學習拒絕別人(她確實也慢慢學會了),正面對抗那些持續加重她負擔的人,並在每個情境中問自己,「我對這件事的真實感覺是什麼?我真正想做的是什麼?」

當然,在現實生活中,我們總是不能做真正想做的

事,但假如我們不偶爾這樣做,我們就沒有在過自己的人生,而是在過別人的人生。

榮格曾提到,每個孩子要承受的最大重擔,就是父母未實現的人生,辛西亞可說是其中一個例子。我很高興的報告,辛西亞持續釐清每個情境的動機,使她開始過著愈來愈充實與滿足的人生。我曾說過,我們每個人都必須在每個抉擇、每個關頭問自己一個關鍵的問題,「我做這個選擇,是出於什麼樣的內在動力?」我若不問這個問題,我很可能又會回到自動駕駛模式,再度受到後設故事所限制,讓它在心靈的各個層面發揮作用,並奪走我選擇的自由。

舊有的模式並不適用現在的生活

我們每個人(即使在嬰兒與孩童時期)總是本能的四處張望,想要尋找線索,想知道接下來會發生什麼事。正是這樣的方式,使人類得以在獅子逼近、敵人來襲,或在不友善的家庭環境中生存下來。問題是,孩子

的解讀是主觀的，也就是因應生活情境不得不產生的反應，並且侷限於當時的時間與處境。因此，當我們將舊有的後設故事，套用到其他場景、其他人，或當下的現實時，我們的反應往往是基於舊有模式，讓結果帶有偏誤，同時為當下那一刻加添了另一層的歷史重負。

即使面對選擇伴侶這般重要的事，也可能是重演過去的故事，或是試圖逃離那個故事。切勿以為過去的故事不會影響當下的抉擇。若我們不加以覺察，就只能重演受命運擺布的個人歷史，或逃離它；但無論是哪一種情況，我們都不自覺地延續那個舊有故事。

我必須承認，當我看到一對男女許下結婚誓言，不禁會想，是什麼樣的「故事」使他們兩個人在一起、影響他們的本能互動，或許甚至預示了未來的結局？我們必須問，假如我們沒有覺察到，故事之下一直有一個故事存在，那麼我們在面對影響深遠的選擇時，到底擁有多少自由？

有時我們會突然意識到:「有些事情好像似曾相識」,正是這個簡單的察覺讓我們有機會擺脫歷史的枷鎖。我的關係為何總是以同樣的方式發展?伴侶的哪些部分讓我覺得既熟悉又討厭?為什麼我感到不滿、有種不安與漂泊感,並且不斷尋找方向?這些重要的問題其實非常根本,而且可帶出洞察,我們若沒有發現每段關係的共同原因就是自己,那麼命運之輪會再次轉動,而我們過去的故事會更加強化。

　　後設故事或情節通常與存在(existence)的核心問題相契合。它們總是在處理關鍵問題,像是:他者是安全或不安全?我能信任他者嗎?他者會懲罰、侵犯或拋棄我嗎?他者怎麼看我,有價值或沒有價值?我必須做什麼,才能得到愛與認可?接近他者對我有好處嗎?或者我需要與他者保持距離?我必須扭曲自己,改變現在的樣子,來取悅他者或是得到他者的認可嗎?我需要滿足哪些條件才能融入群體,或被其他人接受?諸如此類。這些問題不僅與適應有關,就許多方面而言,關乎生存

本身。嬰兒或孩童若無法持續跟環境的需求進行協調與適應，就無法存活下來。

這些需求不僅是人際層面，而且是集體層面的。因此，貧窮、戰爭、長期緊張情勢、制度性壓迫，以及許多其他的環境動亂都要求個體去適應它，有時甚至要求我們為了生存，而犧牲與生俱來的童年性格。

因此，這些早期適應行為與內化行為模式的殘留，會在成年人生的表象之下持續流動，也沒有什麼好奇怪的了。生活中有太多的重複行為恰恰來自這個矛盾現象：那些曾具有適應性與必要性的行為，如今卻開始限制我們，將我們束縛於童年的無力感之中，這又有什麼好驚訝的？我們有學過要說「我在哪裡弄丟了那個東西？」而不是說「誰偷了那個東西？」嗎？我們是否能學習敞開自己並傾聽，而不是覺得自己應該有責任介入並解決問題？

在成年人生的任何時刻，歷史的無形之手會伸出

來,並拉下老舊的控制桿,使人生列車再次行駛在早已磨損的軌道上,而不是展開一段獨特的全新人生旅程,那是每個孩子內心渴望且蘊含的人生。除非我們看見這些鬼魅般的糾纏,否則我們仍然會受其擺布。不過,光是看見它們,並不足以削弱其力量。事實上,人生下半場多半致力於辨識這些幽靈般的存在,並與它那退行性的意圖奮戰。歷史的重錘也許會鍛造出新的生命,但那使其成形的鐵砧,卻是人生中不變的存在。然而,盤旋不去的歷史帶著它繞行不止的指令,其實才是唯一恆久不變的東西,即使我們每個人都想在自由的鍛鐵廠尋求更完整的自我實現。

令人遺憾的是,這些後設情結與故事主宰了我們大部分的人生。自由之窗很窄,如果我們一時忽略這些深藏在日常生活表面之下的幽微痕跡,這扇窗就會完全關閉。

若我們希望更有意識地活著,就必須問自己:我對自己和他人的核心感知是什麼?我們該如何與彼此連

結?到目前為止,當我回顧自己至今的人生起伏,我看到哪些模式?又是受到哪些後設小說所驅動?我們並不做瘋狂的事,而是根據內在心靈啟動的故事,做合乎邏輯的選擇。因此,我們要從模式、激烈的情緒反應、停滯的困境開始,並且問,是什麼想法驅動了我?

然後,我們要正面迎戰那個想法,隨著時光推移,設法以更成熟的詮釋來解讀世界,取代童年的限制,而且那個詮釋者不再是一個孩子。

3
拿回掌控權才有真自由
成癮和焦慮管理系統的關聯

無論我往哪逃去，都是地獄；

我就是地獄

──約翰・密爾頓（John Milton）

西方文化中最令人悲傷的註解，就是遭逐出伊甸園這個原型。假如伊甸園的階段象徵一種與本能、家和豐盛相關聯的生命狀態，那麼遭逐出則意味著放逐、孤獨，以及重新連結的深切渴望（religion 一詞的語源意指重新連結的渴望）。

在個人層面，每個嬰兒都從子宮中「遭到放逐」，在某種程度上，之後的數十年間要靠自己生存。難怪嬰孩經常哭，而且總是緊緊抓住可能提供類似連結的東西：最心愛的毯子、可以隨時放進嘴裡的拇指、破舊的玩具。孩子不會把這些物品當成是真的連結，但他學會透過象徵和隱喻的方式來思考。耳朵破損的破舊絨毛兔永遠會陪在我們身邊，令我們安心，是我們感到無力時最好的安慰。

在接下來的旅程中，即使我們一再經歷失落的痛苦，想與人連結的深切渴望仍會持續存在。於是，我們依附與失落、依附與失落、依附與失落。如果我們暫且把這個困境想像成一個具體的畫面，我們會看到一個

人，從他的身體和靈魂伸出許多插頭，試圖連結任何地方，只要那個地方能提供些許的慰藉、少許的解脫，或是一點歸屬的希望。即使有許多人飽受飢餓之苦，食物變成難以取得且可交易的資源，西方流行文化卻創造出琳琅滿目的各種資源，承諾可以提供連結與支持，以及填滿內心的空虛。

填滿空虛的成癮行為

我們都看過一群豬圍著餵食槽搶食的畫面。同樣的，一大群靈魂在黑色星期五互相推擠爭搶一台平面電視的畫面，無疑就是這種想要與某個東西深層連結的渴望，即使連結的對象只是某種金屬和玻璃組成的物品，它暗示能實現人們的欲望。當青少年的網路使用量受到限制，會經歷各種成癮戒斷的症狀。的確，我們的文化確實是一種成癮文化。成癮是一種重複性反射行為，目的是為了降低當下的壓力。老菸槍可能會一次抽好幾根香菸，嗜酒者往往會接連喝好幾杯酒，他們會因為大腦

分泌大量的 y- 胺基丁酸,得到短暫的慰藉。

就像邁達斯國王(King Midas)的寓言故事,他雖然擁有比其他人更多的財富,心中依然感到空虛,渴望得到財富無法提供的踏實感。他與神達成了魔鬼的交易,實現了他的願望。請想像一下!假如我們都能夠得償所願,我們的期待會有多高,而失望又會有多深?想要黃金?就在這裡,請好好享用。我們很快就會發現,我們渴求之物只不過是一件物品,而物品無法帶給我們持久的滿足。需求終於獲得滿足時,滿足感更短暫易逝(譯注:在寓言故事中,邁達斯國王獲得酒神的賞賜,擁有點石成金的能力)。

> 如果明白成癮只是一種反射性的焦慮管理技巧,那麼我們每個人其實都有成癮行為。

邁達斯想要擁有黃金，現在反而受制於黃金，如同受到成癮宰制的人。如果明白成癮只是一種反射性的焦慮管理技巧，那麼我們每個人其實都有成癮行為。我們甚至不需要意識到自己正在焦慮，但我們的心靈知道，於是啟動並強化反射性的應對機制。諷刺的是，需求獲得滿足是極為恐怖的事，因為接下來我們依然需要面對自己赤裸裸、尚未被滿足的欲望，以及它無窮盡的需索。

聖奧古斯丁（Saint Augustine）自稱是浪蕩子，他向上帝祈求，希望能擺脫成癮行為，他一次又一次在淫慾的掙扎中失敗，最終他臣服於現實，並得出結論：人心是永遠不安的，唯有在與上帝的關係中才能得到安息。事實上，這個觀念多年來讓許多人得到安慰與解脫，雖然今日不再被渴望束縛的現代人愈來愈少了。正如有人說，「我不再相信上帝，但我真的很想念他。」

根據這樣的理解，我們可以清楚知道，在家裡裝滿黃金、沉溺於性愛，或是最新奇流行的東西，最終只會將自己帶進任何事物都不再有意義的不毛之地。這就是

西方物質主義帶來的困擾。隨著天、地、海等眾神祇繼續隱身,於是宗教的基要主義出現,成為我們的恐慌驅動的需求,想要保存、恢復與活化那些曾經將人們與超越領域（transcendent realm）連結的關係。遺憾的是,基要主義的祕密（其實我們每個人心中都藏著一個基要主義者）並不是我們盼望的跟源頭重新連結,而是一種由焦慮驅動,永遠無法滿足的衝動。這個不為人知的祕密,正是基要主義者與暴力連結的原因,因其內在焦慮感實在太強,以致會攻擊任何提醒我們想起自己的孤立與脫節本質的任何人事物。

　　無論成癮有多少面貌,它已經成為一個負面詞彙,會引發負面的印象:逆向行駛的車、倒臥街頭的人、破碎的人生。當我們反思所有成癮行為的兩個共同要素,就會發現成癮行為存在於每一個人之中,再次呼應了「成癮是一種反射性焦慮管理系統」的概念,這句話的每個字都值得深思。

察覺自己對焦慮的反應

每個人都會焦慮，我們都有自己慣用的處理方式，無論我們是否意識到這個令人心煩的影響。例如，多年前我曾允許個案在諮商室抽菸，我心想，他們的壓力已經夠大了，我不想雪上加霜。不過有一次，我的個案是一對夫妻，他們都是老菸槍，一根接著一根菸，總共抽了十二根，一人抽了六根。我數過了。菸味在我的諮商室殘留了好幾天，一直沒有散去。從此以後，我更改了我的規定。然而，如果有人問那對夫妻，「你們在諮商的時候有抽菸嗎？」他們兩人都會說，「對，我抽了一根菸。」換句話說，他們對自己的反射性焦慮管理系統已經習以為常，不假思索，從未察覺這個機制如何系統化的成為生活的一部分。

現在，我要請你靜下心來，想想你如何反射性的「管理」焦慮，或是更精確的形容，你如何一再受到焦慮所掌控。成癮模式的內在邏輯是，當情緒困擾超出我們能夠承受的範圍，於是我們透過與某個「他者」連結，可以暫時緩解不安的感覺。舉例來說，當你在閱讀本書

時，你的房間開始慢慢進水，你完全沉浸在書的內容，所以沒有注意到這件事。然而，你的心靈注意到了，並設法緩解這個干擾情況。透過嘗試與探索，我們每個人都會尋找一種能讓水位（焦慮）暫時下降的行為。如果下次再發生同樣的情況，我們可能會再次重複先前的行為，無論我們有沒有察覺到。因此，導致成癮的「鉤子」是：透過反射性管理系統，體驗到不安的感覺暫時中止。

與「他者」連結有助於降低由存在（existential）的孤立、脆弱與依賴引發的不安感覺。對許多人來說，「他者」像是一種物質：食物、酒精、買得到的物品、溫暖的身軀。對另一些人來說，他們透過與電視、網路、意識形態、強迫性禱告或念經等令人分心的「連結」，來減少不安的感覺。對大多數人來說，一個常見的成癮模式就深植在日常生活中，以致很少注意到它在心理資源應用中所扮演的角色，那個模式就是我們的慣性行為。習慣化是我們使用的一種工具，以熟悉的事物對抗不確定的事情。

請回想一下,當我們在交通尖鋒時間遇到塞車、訂閱的報紙延遲送到家、規劃好的時間表被打亂,我們會有多麼生氣。這些實際事件所造成的影響其實很小,但我們對這些小事可能會有過度的情緒反應,這透露我們的焦慮遭到引發的徵兆。

成癮的第二個要素是,我們每天的意識生活一再的被不請自來的念頭入侵。這些「念頭」多數是無意識的,卻能激起我們內在的焦慮。舉例來說,當某人對食物有某種依戀,他就受到一種強烈且具有存在威脅性的念頭支配,也就是「假如我得不到這個東西、這個慰藉,在這段黑暗旅程之中,還有什麼可以陪伴我?」當我們有意識的思考這個念頭,它會顯得很奇怪,甚至很可笑,因為這個念頭是用物品取代了情緒,但在無意識的象徵性世界中,這個人的心靈將他與某個物品(也就是食物)綁在一起,因為那個物品象徵了一個有滋養意涵的希望,用來對抗我們每日所處的焦慮之海。

我們剛才討論的全都不是新觀念,因為打從有人類以

來，就有成癮。我們可以在莎士比亞筆下找到一個和我們相似的神經質人物。我們一點也不需要因為人類的本性而論斷或羞辱他，正如四百年前的哈姆雷特兄弟所說，我們這副血肉之軀注定要承受千百種自然的衝擊。哈姆雷特也曾說，只要他不作惡夢的話，即使被困在果殼中，仍然認為自己是一個擁有無限空間的君王。他同時也揭示了我們每個人都有的「哈姆雷特情結」：我們知道自己應該做某些事，像是戒掉某個癮頭，但出於連我們也無法理解的原因，我們遲遲未做，或做不到。

我們許下新年願望，不正是要果敢的著手解決我們早已意識到的問題，但為何我們的決心如此容易化為烏有？我們之所以難以打破成癮模式，其中一個原因是：我們處理的只是反射性行為，而非那個促使這種行為形成的「念頭」。由於我們的管理系統是以我們的核心焦慮為中心，例如害怕失去自主權、對人生旅程感到恐懼、擔心遭到拋棄等，所以我們從未真正有機會碰觸到核心問題。

處理成癮的方法

對於處理成癮行為,一般的做法是召喚英雄的意志。英雄的意志確實是珍貴的資產,我們若要在一生中成就任何事,就不能沒有它。但是,英雄的意志往往敵不過那些入侵性念頭的深度、無所不在與能量。因此,我們大多數人無法長期有效的節制飲食,我們的意志力因為一股內在的催促力量而動搖。或是我們不開始著手進行我們認為自己應該做的事,或是我們無法停止明知對自己或他人有害的行為。顯然英雄的意志只能幫助我們達到某種程度的進展,這也是為什麼減重中心與流行的減肥方法可以為經營者創造巨大的獲利,也是十二步驟戒癮團體如此普及的原因。

順帶一提,我非常支持十二步驟戒癮計畫,因為過去九十年來已證明,這個計畫確實比大多數的另類療法更有效。對某些人來說,可以從物質成癮轉移成群體認同,這當然是一種造成較少傷害的策略。

如果真的要處理成癮問題，首先要更有意識的去感受自己的感覺、經歷難以忍受的痛苦，並在沒有反射性管理系統的作用之下承受這些體驗。我們永遠無法「解決」那些不請自來的念頭，因為那些念頭是人類普遍景況很私密的部分。我們誕生於危險之中，最後以死亡終結，所以好好享受每一天吧！但問題依然存在，包括：我們的人生究竟在多大程度遭到恐懼所支配，我們那套管理系統要主宰與掌控我們到什麼程度，以及帶給我們哪些令人憂慮的後果？

我們之中有多少人，能夠將那些核心的恐懼與焦慮帶到意識層次，看見並承認它們的真相？我們之中有多少人，能夠不依靠自己拼湊出來的應對方式，去經歷那些恐懼？

成癮不只對生活帶來有害後果，而且為了對抗成癮所採取的強迫性行為或習慣，也會限縮我們的人生。這些自動出現且難以擺脫的念頭就是強迫意念，會強行附加在我們身上，並驅使我們進行某些強迫行為，這些

行為是為了暫時緩解那些念頭的影響力,但是我們的思緒、行為與生活都會圍繞著這些反覆出現的念頭打轉,使得人生受到限制。榮格分析師瑪麗恩・伍德曼(Marion Woodman)寫道,「強迫行為會不斷限縮我們的人生,直到我們不再有生活。我們或許還存在著,但已不再活著。」[1]

追查成癮的源頭

在希臘神話中,伊克西翁(Ixion)被捆綁在一個不斷旋轉的輪子上,在冥界中無止盡的轉動。成癮會迫使我們進入自己的冥界,在那裡經歷著一再重複的循環,就像《失樂園》(*Paradise Lost*)的撒旦所指出的那樣。如同社會學家葛雷格里・貝特森(Gregory Bateson)觀察到,有酒癮的人認為自己有能力打敗烈酒,於是向烈酒下戰帖。一旦這場對決開始,往往是烈酒獲勝,於是飲酒之人被他最初想尋求的東西所禁錮。

這個追求飄飄然快感的隱藏靈性欲望,這個想要與

其產生超越性「連結」的需求,後來在榮格與創立「戒酒無名會」(Alcoholics Anonymous)的比爾·威爾遜(Bill W.)的通信中定義出來。榮格建議比爾,十二步驟戒癮計畫應該承認這種靈性飢渴所扮演的關鍵角色。除非一個人能將這種完全正當且必要的動機,與他所投射的成癮對象區分開來,否則他將永遠沉迷其中,無法自拔。

「在壓力下我會反覆做什麼?」「哪些行為模式是我自知有害,也努力想改變,卻總是失敗?」甚至是「我人生中的哪些事是我討厭,卻沒有能力停止的?」我們可以透過這些問題,追查自己的成癮反應。很顯然,某些反射性行為模式比其他模式造成更大的危害,尤其是那些會危害身體健康或是傷害其他人的行為。其他模式(像是禱告與念經)的後果或許是無害的,但仍可能讓我們無法面對困擾靈魂的課題。

對於生活中的失調情況,若能選擇一種較無害的回應,可能預示某種正面的發展,但總有一天,我們必須成長到足以承擔自己的人生,踏進一個更寬廣的空間,

在那裡我們已超越過往的保護機制，重新奪回對自己生命的主導權。

我們若要掙脫成癮行為，需要先確認自己透過成癮行為想要抵擋的情緒現實或感知是什麼，同時願意承受我們認為自己無法忍受的事物。經歷恐懼，而不是抵擋恐懼，是我們讓伊克西翁之輪停下來的唯一方法。害怕遭到遺棄，或是飽受精神匱乏或憂鬱之苦，其實並不需要感到丟臉。除非我們能感受那些情緒（是真正的去感受，而不是使自己變得麻木），否則我們不會有動力去改變現況。

我們要揭開遮蔽的面紗、破解成癮循環的運作機制，辨識那些深埋心中、尚未進入意識層面的原始念頭，我們的行為正是為了因應它所發展出的失敗治療方案。然後，當我們成為自由且成熟的大人，我們會發現自己其實有能力忍受難以忍受的事物、思考那些難以想像的事情、承受原本以為難以承受的痛苦，然後得到真正的自由。

4

與靈魂對話

積極想像,與內在連結

在接下來的兩章中,我希望檢視我們這一生必須辨識、區分與重新選擇的工具:「積極想像」(active imagination)與「夢工作」(dream work)。

詩人葉慈(W. B. Yeats)曾寫道,我們的夢開始定義我們的使命,以及我們要承擔的責任。有一位在維也納的年輕人試著否認自己的一個可怕夢境,他說,「但我不需要為我在夢裡所說的話負責吧?」佛洛伊德回答,「那你認為誰該來負責?」

留意自己的夢

今天我在清晨四點醒來,夢見我正在上一堂成人教育課,每個上課的人都分配到黑板的一個區塊,用來描繪我們對宇宙的想像(vision)。但我該如何用圖像描繪它?我真希望自己是個畫家,有能力捕捉那些畫面,但我不是,而文字一閃而過,能留下的也只是它們經過時的痕跡。我想起勞勃·漢森(Robert Hansen)跟我說過的一個故事:古時候有一位皇帝,請國家裡的不同宗教團

體描繪他們對宇宙的看法。印度教徒畫出身體以極其複雜的旋轉姿態互動，其中有些是人類，有些是神祇，他們跳著一支古老的交合舞蹈。佛教徒則是拿起刷子把牆壁刷乾淨，乾淨到發亮，若有人望向牆壁，可以看見自己的形象。

在夢境中，我為這個作業苦思了四十五分鐘，而我只有兩個小時可以用來作畫，構思幾乎耗掉了一半的時間。最後，我知道我必須拿起粉筆開始作畫，以免時間不夠用。當我來到屬於我的黑板區塊，我發現我旁邊那位同學漫不經心的讓他的作品占用了我的空間，我只剩百分之四十的區域可用。我很生氣，但也只能將就使用剩下的空間，於是我開始寫字。然後我就醒過來了。

這並不是我第一次在清晨醒來時有文字從內心湧現，我有好幾篇文章和至少兩本書就是這樣開始的。當內在某個「他者」忙著發揮創意，以如此令人困惑的畫面挑戰我們的自我意識。該如何理解這個現象？至少，我需要思考，我在人生的哪個層面，對於展現自我或滿

足某些期待,感受到壓力,儘管我同時感覺自己被外在責任與期待所限制、約束與控制。

　　心靈是多元的,多種價值觀共存,有些則互相矛盾,當中任何一個價值觀都可以隨時顯現出來。一般來說,我每天會聽到好幾位個案的夢境。在大多數的情況下,我必須提醒他們,每個人都會作夢,請他們留心並記錄自己的夢境,在下一次的諮商時間提出來。當我檢視自己的夢時,我發現那個漫不經心占用作畫空間的人,其實是某個部分的我。不過,是哪個部分的我呢?過度承諾的部分,那個部分的我試圖回覆所有電子郵件、想要跟上每件事的最新進展,卻常常排擠了原本想要浮現於意識的東西。生活的忙碌節奏會把靈魂的微小聲音擠到一旁,就像狗會把貓推走,去搶食貓的食物一樣。

　　我覺得我的夢就像是前述兩幅牆上畫作的「寓言」。雖然那兩幅畫的作畫方式截然不同,但每幅畫描繪的宇宙觀,各自體現了一種莊嚴的虔誠與實踐傳統。其中一幅畫提醒我們,要回應召喚,縱身躍入人生的混亂之

處,也就是葉慈所說「人類血脈中的憤怒與泥沼」(the fury and themire of human veins)。① 另一幅畫提醒我們,萬事發自內心,如果我們不留心覺察內心發生的事,那些事就會反過來控制我們。我們的自我就像是飄浮在七彩海洋上的一片薄餅,海洋裡布滿閃爍的能量、發光的生物、傾瀉瀑布,以及火山爆發,這一切都是我們的一部分。

早期的生存策略成為內在的束縛

我在前一本著作《破碎的鏡子》(The Broken Mirror)中,探討當我們在了解內在狀態的過程中,會遇到的阻礙。例如,有幾個基本態度會妨礙我們進行自我探索:威嚇、懷疑與倦怠。如果我們對內在宇宙的浩瀚程度感到畏懼,就會變得膽怯與猶豫;懷疑會讓我們質疑自己的價值、正當性,以及是否得到允許去做這些事,而不敢打開封閉的心門;倦怠會告訴我們,這一切太辛苦了,應該讓自己放假休息。

值得注意的是,童年的適應行為往往會轉變成反射

性的內在運作系統,使我們的絕大部分生活發展成一種刺激—反應(stimulus-response)的適應行為,進而主宰我們的管理模式。此外,為了滿足我們對安全感與可預測性的需求,從嬰兒期開始,我們便會為自己的環境體驗編造故事,並試著賦予這些經驗某種意義,這些敘事未必能真正解釋當時那個形成的時刻,卻會在多年後,將舊有的模式與限制強加在全新的情境中。因此,我們往往會困在這些適應與態度的反應之中,與靈魂的意圖離得愈來愈遠。

自我意識無法處理這麼多的事,因此我們大部分的日常生活是活在無意識、適應性的狀態中,或是為了未經深思熟慮的意圖而服務。我們心靈現實的其他面向遭到切割或解離,因為這些面向會引起恐懼,或抵觸我們的意識態度。這個部分就是「陰影」(shadow)。陰影本身並不邪惡(雖然它可能涵蓋我們作惡的潛能),它是所有與我們的自我意圖和我們建構的自我感知(sense of self)相抵觸的部分,也就是與「我希望成為與聲稱的自

己」相反。

沒有任何一個人能將自己排除在全人類之外，因此我們的內在儲藏室中裝滿了各種我們在意識層次不願意執行或接受的意圖與潛能。因此，貪婪、慾望、暴力、貪得無厭總是存在，當它們沒有直接參與意識層次的活動時，往往會自由的遊蕩與自行展現出來。所以，當我們用嚴厲、不公平，甚至是殘酷的方式對待別人，我們會拿出一套現成的「故事」來合理化自己的行為，前提是如果我們願意花時間反省的話。

探索陰影

人類大部分的人際衝突與苦難來自陰影，陰影肆意橫行，而且有很強的自主性。要過深思熟慮、負責任的「道德」生活，需要高度的警覺與自我探索，以及接受的意願，如同羅馬喜劇劇作家特倫斯（Terence）在二千多年前寫的「人所固有的，我都具有。」（Nothing human is alien to me.）。

因此我們可以理解，陰影探索（Shadow work）是很困難的，而且總是可以使人學會謙卑，因此我們可以理解它為何經常受到忽略，直到我們的行為造成的後果迫使我們負起責任。即便如此，我們熟悉的老朋友，也就是藉口、合理化、責怪與逃避就會出現，助長令人不安的陰影持續在我們的生活中存在。這個解離的素材如影隨形的跟著我們，成為我們的一部分，無論我們是否願意承認自己內在那群聲名狼藉的親戚。

　　深層心理學家探索夢境的原因之一是，夢境遲早會呈現出這些解離的部分、這些心靈的存在，它們與我們在意識層次大多數的共同價值觀與偏好同樣真實，同樣值得我們關心。甘蒂絲・柏根（Candice Bergen）經常看到她的父親，也就是知名腹語表演家埃德加・柏根（Edgar Bergen），與木偶查理・麥卡錫（Charlie McCarthy）進行嚴肅的對話。當她問父親，為什麼要跟木偶說話？父親回答，因為查理比他有智慧多了。埃德加・柏根以自己的方式，偶然觸及了積極想像這個工具，開啟了喚醒自己不同面向的對話，並讓那些分離的靈魂面向浮現出來。

在榮格位於蘇黎世家門口上有一塊木牌，刻有一句拉丁語銘文，意思是「無論有沒有呼喊祂，上帝都在。」（Called or Not Called, God Is There.）榮格引用這句古希臘格言提醒自己，世上有一個無形的世界，它與有形的世界比鄰而存。只因我們沒有意識到那個世界的存在，並不代表它不存在，也不代表它沒有驅動與影響我們。

我們究竟是自由的，還是一切是命定的，這個永恆的辯論一直存在，而且有愈來愈多證據指出，總是有許多無形的力量在影響我們的決定。儘管如此，沙特（Jean-Paul Sartre）主張，無論是否自由，我們都必須把自己「當成」自由的。這個態度會帶給我們機會與責任，此二者是任何人的道德生活中不可或缺的條件。這件事為我們帶來極大的風險：無論我們是否真正擁有自由，都要把自己當成自由的人，然後採取行動並負起責任。

運用「積極想像」

榮格發展出用來促成與內在世界對話的工具，就是

「積極想像」。召喚我們的,是瑞士人所說的「對話」（Auseinandersetzung）,或是「把一件事與另一件事相對照」,以便釐清所有事情發生的動態脈絡。

榮格在1912年與佛洛伊德分道揚鑣後,進入了找不到明確人生目標的中年,此時的他不得不開發積極想像的技巧,來處理充斥於腦海的混亂意像。他與那些意像展開對話,並把內容記錄下來,有時用繪畫呈現,集結成一本現在已出版的宏大著作《紅書》（*The Red Book*）。1970年代我在瑞士讀書時,《紅書》正處於謎一般的狀態。我們甚至無法確定它是否存在,雖然有謠言指出,與榮格同年代的某些還健在之人曾經見過它。如今這本書已經出版,榮格與自己的心靈進行對話,在勇氣、持續的紀律與專注方面堪稱典範,甚至透過他的藝術創作與書法作品,展現了美學的成就。

榮格在回憶錄《榮格自傳:回憶‧夢‧省思》（*Memories, Dreams, Reflections*）中,描述了他對自己正在探索的深層概念的合理憂慮。但他並沒有逃避,而是選

擇深入探究，辨識那些概念的名字，同時向它們尋求智慧。在那些浮現出來的角色中，榮格將其中一人稱為腓力門（Philemon），其體現悠久智慧的古老存在。當榮格遇見其他人物之後，他坦承，一開始他覺得這像是種挫敗，因為自己的內在竟還藏有如此多未知的部分。如果我們緊緊抓住想要擁有掌控權與優越性的自我幻想時，才會覺得挫敗。榮格發現，能夠處理這種對話、堅守立場，同時因為與他者（the Other）對話而擴展的主體，才是強大的自我。

我的著作《伊甸園計畫》（*The Eden Project*）探討的主題是關係。我主張，關係帶來的最大恩賜，並不是他者能修補或治癒我們的破碎狀態，而是透過分享他者的他性（otherness）來擴展我們自己。我們透過內化他者的他性，但依然保有自己的意識地位，來得到成長。

舉例來說，我向太太學到非常多，或許她也向我學到許多東西，但我們依然保有自己的個體性與各自的興趣。當我們把這種擴展視為挫敗，就展現出自我多麼

不願意對改變和面對挑戰（美國現在的爭端與分裂源自於一個根本現象：許多人的膽怯自我抗拒改變，包括定義、分類、族群、社會經濟結構等方面的變動。然而，由於自然界的本質就是變動，改變終將勝出，即使這需要一個世紀才會發生）。

榮格觸及的是人類心靈的神話性本質。人類的心靈一再形成新的意象、新的理解、新的方向。當然，這樣的改變經常會挑戰（或是威脅）自我的舊有立場，使我們抗拒與內在對話。結果就是，我們的成長停滯下來，最後導致一些病理，像是停滯、憂鬱、自我藥療（self-medication）等。

積極想像（而不是停滯）可以促進對話，帶來成長，就像夢的作用一樣。積極想像的一個優點是，它並非消極的等待（例如夢境出現），而是動態的，也就是說，主動與內在的他者展開對話。積極想像並不是像其他領域所使用的冥想、正念或是引導式意象。正如其名，它指的是啟動想像力。例如，假如我們的夢裡出現一個令人

不安的人物，我們不是要壓抑那股能量，使其轉至他處進行破壞，而是與其接觸，詢問它為何出現，它想從我們這裡獲得什麼。

從傳統思維的觀點來看，這個做法可能被視為瘋狂，或是過度自省。不過，因為那股能量並不會自己消失，而是會潛入暗處，並以出人意料的方式浮現出來，因此我們選擇與其對話、並以開放的態度，去學習了解更多錯綜複雜的自性。

積極想像不代表失去自我做決定與承擔責任的功能，而是要求自我（ego）以開放的態度與自性（self）進行對話，以尊重的態度參與兩個層次的心靈相會，這樣的相會來自外在與內在世界的交會點。我們內在的自主能量偶爾會附著在某個意象上，就像金屬碎屑會附著在磁鐵上一樣。因此，積極想像會附著在那個意象上，使它可以得到重視與釐清，成為具有啟發性的訊息。唯有當無意識附著於意象上，才能進入意識層次。我們尊重這個意象與它的自主性，但我們不會鬆開自我對日常現

實的掌控,因為我們總是會被拉回去處理日常生活的事務。不過,這種內在對話會擴展並豐富意識的能力,使我們能應對當下的挑戰。

透過夢境與自我對話

當我們與某個意象對話時,我們是在研究那個無形、難以捉摸的世界的化身。據說,與榮格同一個時代的超現實主義詩人保羅・艾呂雅(Paul Éluard)曾說,「另一個世界是存在的,它就在這個世界裡。」[②] 這句話可以說明上述意思。舉例來說,我們可以聚焦某個令人困惑且未完成的夢境,或是令人不安的夢中人物,並允許這些意象在不失去自我的參考框架之下,自由隨興的發揮。我們可以透過書寫、繪畫、雕塑或舞蹈的方式,來記錄那段對話,只要是有可塑性、能夠暫時保存那個意象能量的方法,都可以使用。我們的目的不是清空自我的世界,而是將更多元素帶進對話,來擴展自我的世界。

我們的內在會出現想要抵擋這個過程的力量，這是可以理解的。首先，我們需要得到（甚至要奪取）探索內在的許可。多數的人覺得自己無權掌控自己的人生，因此上述做法肯定會激起自我懷疑。另一個問題是質疑的心態，我們會說，這只是我們「虛構出來」的東西。

羅伯特・強森（Robert Johnson）在《與內在對話》（*Inner Work*）提到，有一位個案拒絕接受治療，並承認他在治療過程中提到的「夢境」都是他虛構出來的。但強森說，個案提供的內容其實透露了他經歷的掙扎。換句話說，那位個案在探索心靈、「虛構」夢境的過程中，可能已經不自覺使用了積極想像的技巧。毫不意外地，浮現出來的意象正是促使這位個案尋求治療的動機。

第三個抗拒點是因為恐懼。畢竟，我們已經很努力要取得一個意識參考點，並在其周圍築起我們想要的安全防護，怎麼可能想要拆除它？儘管這種抗拒看似合理，它同時也導致了靈魂的停滯，這種停滯遲早會以疾病形式表現出來，成為自然（nature）抗議我們僵化的證據。

榮格發現，假如我們進入一座森林，看到奇怪的動物和植物，我們並不會認為那些動植物是我們創造的。因此他主張，我們無意識的內在心靈也同樣真實。儘管自我需要保有其立場，但它也可以透過對自主的他者的尊重而展開的對話，進而獲得擴展。

> 假如心靈告訴你的，是你認為自己早已知道的事，那就表示你的了解還不夠深入，或至少不像你以為的那麼了解。

　　若要接近這些內在心靈面向，最好的方法是建立個人儀式，盡可能除去令人分心的干擾，安頓身心。會有很多事物來分散我們的注意力，有時難以專注。我們每個人可能運用的工具都不同，但大多數人會使用紙和筆，目的是在不打斷或主宰意象流動的情況下，盡可能記錄浮現的意象。舉例來說，如果你想詢問夢中的某個人物，你要持續的回到那個意象。不要理會內在質疑的

聲音，它說一切都是你「虛構出來」的。就像所有練習一樣，你愈常進行這個練習，就可能愈容易。帶著尊重的態度看待那個夢中的意象，把它寫下來，與它對話，並傾聽它。

有時人們會用顏料、彩色筆、黏土和身體的動作，不過，積極想像不是美術練習，愈「原始」、愈自然愈好。我們與意象的深入對話有時可能會呈現出美學的面向，但重點不在於藝術，而是為了讓心靈能量在意識層次具象化。無意識的問題在於它處於無意識的層次，因此我們需要透過一些方法（夢境、身體的動作、積極想像），將無形的世界具象化，使其容易親近接觸。

在這個過程中浮現出來的內容，應以探索夢境的方法來處理。傾聽這個意象想表達的，在你當下的生活脈絡之中，擴展其可能的聯想和文化意涵。那些人物是誰？發生在什麼樣的時間和地點？那些意象產生了哪些影響？有情節嗎？請記住，有些意象會抗拒「詮釋」，就像夢境一樣。沒關係，就讓它們維持那個樣子，那些象

徵性內容會持續影響你的心靈，而且經常浮現一波波反覆出現的聯想與洞察。

有一點要注意：積極想像只能應用在內在心靈的意象，而不是針對真實存在的人。我們都是能量力場，改變與他人的互動很有可能演變成權力問題，或是改變你與對方之間的力場，而且不見得會朝正向發展。最終，積極想像的目的是了解自己的靈魂，而了解的終極目的則是行動。我們必須以極其慎重與嚴肅的意圖，與靈魂進行對話，因為這可能會改變我們的人生。就如同里爾克（Rilke）的詩作〈阿波羅的古老殘軀〉（The Archaic Torso of Apollo）提到，我們在觀看時，同時也被觀看：「因為沒有一個地方不觀看你⋯⋯你必須改變你的人生。」[3]

傾聽內在守護者

回到我在黑板作畫的那個夢境，我再次進入那個場景，身體立刻感受到壓力與焦慮。人們的夢境中常會出現競爭的氛圍（例如，尚未準備好就參加考試、為了修

學分而重回大學等），因此我們必須自問：我在哪個部分感受到挑戰？我在哪裡感受到壓力？有明確的焦點？或是模糊的感覺？當我靠近那個毫不在意占用我作畫時間和空間的傢伙，他滿口都是藉口和合理化的理由，辯解自己迷失在現代生活的無數干擾與打斷之中，那些讓我們分心的念頭，使我們偏離了自己成長旅程的主軸。

當我面對他的抵抗，我知道我需要更有意識去應對，例如我決定安排清晨與傍晚兩個時段，來處理所有電子郵件和其他邀約。我覺察到這股張力，以及人生中揮之不去的挫折感，但是當我與內在心靈的他者對話時，我可以更具體且清楚的知道，我需要採取行動與做出承諾。

自我經常急著下結論：「哦，我知道這個問題，這就只是這個意思。」但如果心靈試圖在夢中將這個問題具體化，凸顯其看法，也就是它認為太多干擾對心理健康有害，那就是我們應該認真對待這件事的時候了。假如心靈告訴你的，是你認為自己早已知道的事，那就表示你的了解還不夠深入，或至少不像你以為的那麼了解。

無論從這個探索中浮現什麼，對我們的代蒙（Daimon，譯注：古希臘時期象徵著內在的直覺或指引，類似守護靈）來說，非常重要，代蒙是引導我們與超個人（transpersonal）世界連結的靈性力量。

隨著時間的推移，積極想像的運用會使我們從被動等待夢境出現，轉變為主動與靈魂互動。最終這項工具對於找回我們的個人掌控權，相當有幫助。假如我認真看待從內在對話浮現的內容，就是開始以一種更廣闊且更深層的視角來理解我的生命旅程。當我們的自我與流行文化的短暫噪音與干擾展開對話時，我們的靈魂會穿越永恆地帶，讓人生旅程在這些超個人框架中更具有深度、尊嚴與分量。我們所跟隨的節奏，其波幅遠超過日常瑣事與吵雜要求的糾纏。是的，我們活出屬於自己的人生，但這生命同時也屬於超越自身的更大整體。積極想像是每個人都可以使用的實用工具，使我們不再被動，轉而與那個渴望跟我們連結、醫治我們、擴展我們的心靈展開互動。

5
探索夢境
具有修正性和指引性的智慧之源

在無言的回想中，我們尋找遺忘已久的偉大語言，通往天堂的消失巷尾、一塊石頭、一片樹葉、一扇未被發現的門。何處？何時？哦，那已經消逝的，風所悲悼的靈魂啊，又回來了。

——湯瑪斯・伍爾夫（Thomas Wolfe）

自然界賜給我們的另一個資源,是每天晚上透過如幽靈般來訪的夢境顯現出來,而心理分析則提供了工具,得以將藏在無意識的寶藏汲取出來。每個人都對自己的夢感到好奇,但只有極少數的人有足夠的好奇心,願意長期探索自己的夢,與自己的夢展開對話。我和其他分析師一樣,在過去半世紀中探索了數千個夢境。因此,我對這個分析過程較不感到畏懼,也更習慣這項工作要求的那種耐心提問與深入探究。當人們說,「你一定不會相信這個夢。」我心想,「我相信,我在此之前可能聽過相似的版本,而且聽過很多次了。」

正如一句德國諺語 Träume sind Schäume,字面的意思是「夢是泡沫」,意指作夢只是人們在一天結束時神經元的放電現象,毫無價值。然而,假如我們活到八十歲,就有六年的時間在做這件據稱沒有價值的事。假如我們認為自然界會浪費能量,而我們專注精神的活動毫無目的,這樣的結論合理嗎?古代人與原住民至今仍然相信,神祇透過夢境與他們對話。榮格在非洲旅行時發

現，在他造訪的部落當中，有好幾個部落會將夢分為大夢和小夢。小夢對個人而言很重要，大夢則必須告訴部落的長老，以獲得神祇傳達的智慧。

我們的心靈發生過什麼事？

我們要如何理解這些每個睡眠週期平均出現六次的幽靈般的訪客？夢中出現的意象常常令人驚懼，或是恰好相反，自我會因為它太過荒謬而否認其重要性。但我和同事們都相信，所謂「不好的夢」並不存在。我們可能會夢到可怕的意象，或是夢境引發了令人不安的問題，但心靈的意圖就是要讓這些事情浮出表面，好讓我們去處理它。忽略夢境想凸顯的重點，會使那些問題繼續在無意識中自行運作。忽略那些問題並不代表它們會消失，而是表示它們會以更高強度來運作，以爭取我們的關注。就如佛洛伊德曾嘲諷的說，我們或許可以在白天否認那些訊息，但它們卻會在夜晚出現在夢境中。

我們若要詮釋自己的夢境，最困難的部分在於，我

們往往傾向以字面上的意思來理解那些意象，並且陷入夢境的模糊與難解之處，或是因為其意象具有威脅性而卻步，不願深究。假如我們回想時發現夢中出現某個隱喻，就必須自問，這些象徵究竟是對應現實生活中的哪些問題，才能了解我們的內在心靈發生了什麼事。

例如，假如我們在夢中感到羞愧或尷尬，或是在陌生之處迷路，我們應該要問，當前生活中是否有什麼事會觸發這樣的反應？心靈的兩個任務（盡可能在生命舞台上尋求最充分的表達與自我療癒）正在夢境中發揮作用。當自我意識較偏好其他的主題，但心靈卻說，促成這個夢的問題蘊含著一股能量，呼求我們去處理它，或至少要承認它的存在。在接下來的內文中，我想闡述一些基本的理解、對夢的看法，以及我們可以探索夢境的方法。

首先，我們要記住符號（signs）與象徵（symbols）的不同之處。這兩者都透過意象來呈現，但符號的意象指的是已知的內容，就像路標指示我們要停下或讓路。符

號具有可辨識的內容或「訊息」。象徵的意象指向或暗示某些原本可能難以解釋的東西，例如一種情緒狀態或道德困境。其次，我們要隨時從類比（analogy）的觀點來思考，也就是說，夢的意象可能喚起哪一種類似的生活情境？例如，假如我們夢到某個怪異的行為，不應該因為它太古怪而排斥它，而是應該問自己，生活中的哪個情況可能引起這樣的感覺狀態或類似情境。第三，作夢者的個人聯想非常重要。如果你夢到祖母，有可能引發我聯想到我的祖母，但你的祖母和我的祖母是不同的人，我們也以獨特且個人化的方式內化對她們的記憶。聽者很容易以自己的聯想投射到作夢者的夢境中，但這是作夢者的夢，其聯想才是我們詮釋的依據。

夢的類型

夢有不同的類型或分類。很多夢是「反應式」或「處理式」的夢，換句話說，這些夢是由日常生活的刺激和尚未消化的內容所觸發的。自我往往會說，「我知道這

個夢是什麼意思！昨天上班的時候發生了 X 事，就是那件事引發了這個夢。」我們以為只要找到觸發夢的事件，就能解釋夢境。首先，心靈並沒有義務回應日常生活的瑣事，除非它是為了某個目的刻意這樣做。其次，心靈也有可能不是評論那個事件，而是以類比的方式對某個情況產生反應，例如那個情況引發的某種情緒狀態。至少，「處理式」或「反應式」的夢境指出，在這個問題上，有比我們所知更強烈的心理能量正在流動。

第二種是「補償式」的夢，也就是心靈透過這些夢，將那些在日常中遭到忽略的價值，帶回到我們生命中某些失衡的面向上。例如，假如作夢者與夢境引發的難題保持一種理性上的疏離，那麼這個人必須去了解，自己將多少情感擱置或排除在外。又或者，我們發現有修正性的元素出現，希望能為心靈帶來平衡，因為我們的心靈因日常生活的壓力及其造成的無數適應行為，而遭到壓抑。

以我的一位女性個案為例，她為了處理已逝父母留

下的遺產,以及修繕繼承房產,而感到不知所措。有一次,她夢到廚房的水槽阻塞,水無法排出,甚至快將整個房子淹沒。在夢中,在地下室出現一個看起來像是水電工的人,正在清除阻塞,讓水可以順利排出。當我們探索她與這個水電工人角色的聯想時,出現一個她可以採取行動的方向,使她可以跨越情感上的阻塞,擺脫因強烈情緒而陷入的行動停滯。雖然父母過世對任何人而言都是人生的大事,但這位作夢者與父母的關係太過親密,而父母對她的控制也過於強烈。因此當他們過世後,她在心理上尚未準備好處理父母遺留的房產(無論是賣掉或整修),或是選擇新的人生方向。她的心靈能量深深受制於父母／子女的內在意象,使她失去了行動能力。

然而,她的心靈向我們顯示,她的內心深處有一股能量,而她與那個水電工人角色持續建立信任與對話,使她得以展現成熟的能力,讓她的人生可以邁向更寬廣的旅程。她不再只是父母的女兒:她是一位擁有自己人生的成熟女性。

第三種是「原型」的夢，也就是這些夢可能與當前生活有主題上的關聯，其汲取的素材來自人類心靈傳承的深層意象寶庫。這就是原住民部落非常尊崇的大夢。這種夢同時具有個人性與超個人性。旅途、精神層面的提升或墜落、死亡與重生等夢境，都是原型意象的典型來源。我們任何一個人今晚作的夢，都可能與其他時空和地點的人們所作的夢相同，因為我們每個人的內在，都擁有與前人相同的創造象徵能力。

　　第四種是「預知性」或「先知性」的夢。這種夢較為少見，但確實存在，而且從古至今皆有紀載。不知何故，作夢者的心靈遊蕩到深處，對於某個地方發生的事，或是尚未在現實世界發生的事，產生某些印象。瑞典思想家伊曼紐・史威登堡（Emanuel Swedenborg）的先知性意象是其中一個例子。他在歌德堡的時候，夢到了斯德哥爾摩發生大火的意象。隨後有消息傳來，就在那個精確的時間點，斯德哥爾摩發生一場火災，正是他在夢中所見的地點。有誰理解那些夢？但那些夢中的事確實

發生了。

　　我曾有位個案，不只作過一次先知性的夢。她似乎與日常生活表象之下的某種能量「連上了線」。她的心靈邊界具有很強的穿透性，使她能夠接收到深藏於日常生活表象之下的線索。

　　此外，任何一個夢都可以有客觀與主觀的詮釋。客觀層面可能是評論某段人際關係是否有進展，但是主觀層面是要求我們去理解，夢中出現的各種角色與特徵，其實也是作夢者本身的內在面向。舉例來說，假如我夢到我的孩子，我很難判斷，究竟是代表我處理親子關係的相關事情，或是心靈借用了我的孩子，來呈現我的內在小孩的某個面向。因此，較有效的做法，通常是先從客觀層面詮釋夢境，看看無意識是否正在反應出日常生活中正在發生的種種事件。然後，再將這些意象視為作夢者內在心理層面的不同面向來觀察。最後，我們必須同時考慮主觀與客觀的詮釋，才能更完整的了解它。

分析夢境的四個階段

榮格把夢的分析工作分為四個階段：承認（confession）、解釋／闡釋（interpretation/elucidation）、再教育（reeducation）與轉化（transformation）。我們都知道，把自己的故事說出來、讓別人聽見這故事，並感受到別人以不帶評斷的方式接受這故事，這本身就具有某種療癒作用。即使沒有任何解釋，僅僅只是將這件事說出口，也已是一種強而有力的體驗（稍後會再解釋這個部分）。

所謂「再教育」，即佛洛伊德所謂的 Nacherzieung，涉及探索我們可能嘗試採用的各種替代選項。請記住，我們自己長期以來陷入的困境，已經因為不斷的重複而變得根深柢固，因此再教育很耗費時間，並非一夕之間可以改變的事。只有在虛構電影情節中，人們才會突然獲得啟發性的洞察，一切豁然開朗，生活從此順利。「兇手就是管家」，接著謎團就解開了。但是在現實生活中，我們必須不間斷的練習新的態度與行為，才有可能改變自己。最後一點，經過一段時間，洞察與行為改變逐漸

結合，可以擴展我們的人格結構。正如榮格指出，我們很少真正「解決」這些一生反覆出現的模式，但我們可以超越它們，活出更令人滿足且有意義的人生。

每個夢就像短篇故事，都具有基本的結構，通常涉及作夢者的人生景況中一個或多個元素，像是行動、場景、動因、時間與地點。我們很容易會犯的一個錯誤，那就是過度聚焦於夢的情節。夢中的故事固然重要，但它也可能使我們忽略了另一個同樣關鍵的構成元素。

辨識這些結構性元素，有助於我們鎖定與形塑夢的涵義。因此，假如場景居於主導地位（例如，童年時期的家或學校），那麼可以說，這個夢是在探索那個人生階段的未完成課題。更常見的情況是，當前生活的某件情況，觸發了那段歷史，夢境成為過去與現在的象徵性連結。我有一位個案做了個與早年求學時期相關的夢，令她感到困惑，直到她正要走出大門，她才猛然想起一個與某位特定同學有關的事件，以及隨之而來的一股強烈屈辱感。我們才明白，她正在處理的是近期某個尷尬經

驗。我們兩人都對心靈的智慧感到驚奇，它能將那段塵封已久的記憶儲存起來，並在多年之後重新喚起它，來幫助她探究最近某個對她造成傷害的經驗。

同樣的，動因可能是一些無特別象徵的人物、同時代的人，或是久遠過去或遙遠之處的孩子，但是什麼原因將這些元素聚集在一起？我有一位分析對象，他有百分之五十的夢與父母的房子和臥室，或是他家所在的街道有關。由此可能猜測，他仍然在其不太穩定的成人階段爭取更穩固的立足點，因為他依舊深受他與父母的關係影響。

我舉一個與夢無關的例子，在貝克特（Samuel Beckett）的經典劇作《等待果陀》（Waiting for Godot）中，有兩個類似勞萊與哈台（Laurel and Hardy）式的甘草人物，坐在一起閒聊了兩個小時。舞台背景單調，時代背景並不重要，動作指示則是「沒有動作」（兩幕戲都以其中一個角色說「我們走吧」作結，但舞台指示卻寫著「他們沒有任何動作」）。實情是，他們無處可去，也無事可做，因為

貝克特這齣戲呈現的是一種存在的狀態：二戰後受創而無言的狀態，沒有任何行動，既無法重建舊有的路徑，也無法開創新的方向。

討論完夢的「人生背景」（Sitz im Leben）（譯注：德語係指生活中的設定或脈絡）之後，我們會蒐集與夢中人物、事件、場景有關的聯想，接著會尋找是否有其他文化聯想適用於這個夢，並辨識其中可能呈現的原型主題。例如，作夢者可能夢到某個流行歌手，一直想釐清自己是否喜歡那位歌手的歌曲，但其實夢境想表達的是那首歌的歌詞內容。

一般而言，我們能找到的聯想愈多愈好，但重點在於作夢者遭某個意象觸發的情感反應。有時候，作夢者與意象的關係太過貼近，以致看不出其中的意義，但更常見的情況是，我們透過作夢者在情感上的認同而得知，我們探討的方向是否符合這個夢的本意。解夢詞典的用處有限，因為它往往有過多字面的聯想，並且聲稱「這個夢境的意象就是這個意思」。別忘了，你的祖母和

我的祖母並不是同一個人,所以我們必須對於夢的解讀抱持較不預設立場的態度,並以更開放的心態看待夢的提示。

多年前,我剛在學校擔任全職教職時,一位同事來找我解夢,並非因為我以解夢聞名,而是因為我出現在他的夢中。在他夢中的一個關鍵時刻,當我聽完他面臨的困境,我以儀式性的動作拿起紙膠帶,黏在他的鼻尖上。當他向我訴說夢境時,他知道我不會做出那個古怪的動作,除非那個動作有其意義。

「嗯,鮑伯,」我不假思索脫口而出,「你在尋找的東西就近在你的眼前。」我並非完全理解或有把握,只是幸運說中了。這句簡單的話深具啟發性,因為鮑伯正面臨重大挑戰,是關於決定未來的人生方向。他需要知道答案(其實他已經隱約知道),他心中的答案近在眼前。無意識知道的事情遠比我們的意識知道的更多,而我始終對於這種自然卻隱晦深奧的智慧,心懷敬畏。

透過夢境重新掌控自己的人生

　　1900 年,佛洛伊德出版《夢的解析》(*Die Traumdeutung*),他是為了其他精神科醫師所寫的。雖然這本書現在被視為影響深遠的著作,但當時的銷量卻不到五百本。若有人自信滿滿聲稱能告訴你某個夢代表的意義,其實他是在胡扯(包括佛洛伊德在內)。夢工作(Dream work)是一種具有高度不確定的調查性質探究,更像是一門藝術,而非科學,也不是一套方法。所謂的最終詮釋並不存在。就像詩人會說,一首詩永遠沒有寫完的時候,它只是被擱置。夢工作也是如此。

> 長期探索某人夢境的次生影響,是將作夢者的人生主導權,從環境的壓力轉移至其內在生命中,而最深的真相正是源自於當中。

長期探索某人夢境的次生影響,是將作夢者的人生主導權,從環境的壓力轉移至其內在生命中,而最深的真相正是源自於當中。此外,隨著時間的推移,我們會開始重視與留意在夢的意象中反覆出現的主題。每個人都有一套個人化的圖像誌(iconography),當我們開始留意時,就會辨識出那些反覆出現的主題。

　　我想分享兩個我最喜歡的個案夢境。我之所以稱其為最喜愛的夢,是因為即使是在幾十年前聽到那些夢境,但我當時就知道,自己永遠不會忘記它們。當時我對無意識竟然能創造出如此詳盡的敘述與意象,感到驚嘆,直到今天依然有相同的感受。

　　在告訴你這兩個夢境之前,我要先說,是的,你也許會說你的夢境沒有這兩個例子那般清晰詳實,但實情是,你的夢確實充滿細節,只要你記得夠多,並且寫下來,而且加以仔細研究。我們花愈多心力與夢工作,就會記得愈多細節,也能記下夢境的摘要。按照理論來說,沒有人知道自己的無意識裡發生了什麼事,但是當

我們將夢境記下來，無意識的產物與記錄的意識就得以交會，並擴充彼此。

榮格把這個活動描述為「超越性功能」（transcendent function），也就是心靈透過這個活動跨越了意識和無意識的界線，以及兩者之間的空間。這個功能的例子之一是症狀，另一個例子是夢。

症狀與夢讓我們得以透過已知事物的有限視角，來接近不可知的事物，同時看見這兩個世界如何互動與擴展彼此。我們或許不知道無意識裡實際發生了什麼，但如果我們留意這兩個領域的交會處（夢境），我們可能會得到重大線索。

提醒自己找回掌控權

這兩位作夢者都是德國女性，我是在蘇黎世受訓期間結識了她們。其中一位六十五歲的女性剛失去丈夫。她在父權體制家庭長大，父親是她心目中的英雄、人生

導師，為她人生中的每件事提供指引。她直到四十多歲，父親不久於世時才結婚。她的丈夫大她十多歲，不久前也過世了。一開始，我們的工作自然是聚焦於她的哀悼歷程，這非常合理。我鼓勵她回想自己的夢，後來她記住了一個夢境，這個夢境為我們接下來的工作定下基調。

在夢境中，她與丈夫奧圖正展開某種朝聖之旅。他們走過一個開滿花的花園，來到一條溪流前方，有一座石砌拱道橫跨在溪流之上。當他們正要跨越溪流時，她突然發現自己忘了拿手提包，需要回到車上去拿。於是她去拿了手提包，然後沿著原路回來找奧圖。當她來到石砌拱道時，遇到了一位感覺熟悉但並不認識的男子。她一反常態的向那位陌生人簡述了自己的人生歷程，包括最近喪夫的事。她以這句話作為結尾，「我好孤獨，我一直非常孤獨。」對方回她，「我知道，那對我來說是好事。」同時用手指著自己。無論在夢中，或是她轉述這個夢境的當下，她都對這個男子竟然對她的喪夫之痛無動於衷，感到很生氣。

聽完這個夢之後，我的內心感到欣喜，因為這可能是她自童年以來，第一次不再聽從那些出於善意卻支配她人生的外部權威，而是向自己的內在尋求引導。這個夢透露，她正從反射性的哀悼歷程，轉向以成長為導向的生命課題，同時這個夢也成為她進入人生下半場的更深層使命，也就是重新找回個人的主導權。

這位既熟悉又陌生的男性顯然就是她內在的一部分，也就是榮格說的阿尼姆斯（animus），也就是女性內在的男性能量，能展現女性的欲望與價值觀。當通往外在世界的連結不存在時，她會過著延遲行使自己主導權的生活，也未能充分展現她獨特的才能與價值。我的個案要經歷父親和丈夫過世，並且在迷霧散去之後，才得以與她的成長議題中缺少的部分相會。雖然她與父親一樣從事科學工作，而且擁有出色的事業發展，但她一直是按照父親的期待來生活。正如夢中的那位陌生男子所言，正是她承受苦難與失去外部權威之後，才得以開始尋找自己的天地。

當我們的工作逐漸深入，她也愈來愈能活出自己的人生，而不是為了滿足他人的期望而活。「旅程」（journey）、「跨越」（crossing over）、「過渡」（bridging）這類主題描繪出她所處的人生境地，在那其中，她受邀成為她自己。她把手提包遺落在車上（手提包是她的身分認同、證件、金錢、鑰匙與工具手段的容器與載體），她必須去拿回來，才能展開前方的旅程。那位陌生人一直都在，但對她來說仍是個本質上陌生的存在，因為她以往一直遵循的是那些溫和的、有助於她性格成長的，也是出於善意的外部指令。唯有死亡帶來的傷痛，才能喚醒那位潛藏在她內在心靈的陌生人，成為她意識層次的生活中更重要的一部分。

運用成熟的成人能力

　　第二個夢境來自一位翻譯工作者兼外語老師。她在戰爭中失去了雙親，由母親的妹妹撫養長大，但她的阿姨明確表示，不想跟她建立任何關係。她在小時候會偷

東西,也對巧克力上癮。如果有個孩子希望能得到一些玩具、一些開心的小事、一些糖果,即使必須靠偷竊才能得到,我們忍心責怪她嗎?長大後,她不去上大學,而是選擇從事翻譯工作,以及以個人或小型團體為對象教授外語,這樣能讓她在一定程度上掌控自身環境。

當她告訴我她的夢境,這個夢境讓我感到非常驚訝,因為它與童話故事的主題非常相似,而且直指她的心理防衛、逃避與挑戰。在她的夢境中,她在一個房間裡抱著娃娃。即使在這個夢中,她也知道那個娃娃代表她失落的童年。有一位女巫闖入房間,並且偷走她的娃娃。她窮追不捨,並提出願意贖回娃娃,但女巫嘲笑她,繼續奔逃。她驚慌著追趕女巫。這次女巫說,若她付出以下代價,就會歸還娃娃:第一,她必須與一個肥胖男子發生性行為;第二,她必須去大學發表一場公開演講;第三,她必須回到德國,與難相處的阿姨共進一餐。她淚流滿面,因為她明白,這正是象徵性的療癒代價,但她內心的恐懼仍強烈阻止她行動。

我們不禁要問,在當時的瑞士怎麼會出現女巫?嗯,女巫是與大母神原型(Great Mother archetype)的黑暗面有關的原型意象。大母神原型是生與死的原型。作夢者因為遭遇人生劇變,被迫面對死亡、毀滅與失落,正如我們所有人一樣,隨著時間的推移,在她為了抵抗創傷而建立的防衛機制之中,她逐漸成為其囚徒。

很顯然,那個「娃娃」象徵著她和許多其他孩子在戰爭中所經歷的失落與傷痛。不論在夢中,或是在我們的對話中,她都明白那三個任務象徵了她必須面對內心的恐懼,以及她必須為自己爭取更豐盛的人生。與一個肥胖男人發生性行為不只代表接納成年人的親密接觸,同時體現了她對身體失序狀態的恐懼,因為她透過失調的飲食習慣與克制的生活方式來「管理」這種恐懼。至於在大學發表演講,代表她必須克服自己的輕微廣場恐懼症(agoraphobia,對公開場所感到不安與恐懼),並且承認自己優秀的理性思考能力。最後,她必須面對她生命中的女巫對她的敵意,並與她一起吃飯,藉此去除原

型女巫的能力。這三項任務都在召喚她長大。

的確，上述兩位女性作夢者的無意識都要求她們成長，開始運用真正成熟的成人能力。我們在這兩個夢境都可以看見，人類心靈中正在運作的修復性與成長性意圖。

修復和成長

或許讀者會問，「但我的夢不像那兩個夢那麼有趣呀。」事實上，這兩位作夢者在展開與夢境互動探索之前，也以為夢不重要。我們每個人內在都存在著意識和無意識之間的辯證性互動。她們透過自己的夢境，找到了更深層的個人主權，以及比從前更豐富、更有趣的人生，正如我們所有人也不時會這樣，以被動性的方式回應生活中發生的事，而非有意識的創造自己的人生。

我想邀請你開始多留意你的夢，夢是我們與靈魂互動的廣大劇場，每天晚上都有戲碼上演。在忘記之前，將你的夢寫下來，然後逐一拆解夢的意象，你會驚訝的

發現，自己的內在擁有如此豐富、具有修正功能、能給予指引，而且充滿召喚力的智慧之源。

我們的祖先認為，夢境傳達的訊息其實來自一種超越性的力量，這個力量超越了自我意識掌控日常生活的範圍與能力，這樣的理解是正確的。無論我們使用「眾神」或「自性」的比喻，當我們留意每晚從朦朧深處浮現出來的心理劇，我們就開始與超個人的奧秘進行互動。

假如我們每天晚上都接到來自深處的邀請，難道還要躲避與自己靈魂相遇的機會嗎？我們若選擇逃避，意味著我們將會活在回應模式中，侷限於表面的、時下流行的主題，而忽略那些跨越時間的真理，也會臣服於當前最喧囂的外在聲音，而不是傾聽靈魂深處的召喚，它告訴我們：我們是誰，我們生命的真正目的何在。

6

分裂的靈魂與仇恨

面對分歧和仇恨的方法

「液態現代性」是愈來愈多人深信不疑的信念：改變是唯一不變的常態，而不確定性是唯一可以確定的事物。一百年前，現代性意指追求最終的完美狀態，如今現代性指的是無止境的改進，最終狀態並不存在，也沒有人再渴望那樣的終點。

——齊格蒙・鮑曼（Zygmunt Bauman）

面對找不到意義的悲劇，令人難以承受。憑空編造一個故事，讓自己覺得對混亂有掌控感（即使那是一場自欺的騙局），還比較容易一些。

——達納・培瓊（Dana Vachon）

在整個疫情期間,全世界的心理治療師指出,他們的病患出現了更多焦慮、憂鬱,以及自行用藥的情形。同樣的,過去十年來,美國的心理治療師也發現類似的情況,而且這個現象與新冠疫情無關。美國社會普遍瀰漫著不滿、憤恨與對立的氛圍,更別提暴力事件頻傳,這些都使整個國家受到傷害。我們在電視上看到的、在城市中親身經歷的,以及對那個曾經大致穩定世界的幻滅所帶來的痛苦,影響了我們每一個人,同時觸發我們的後設情結（meta-complexes）,以及我們無所不在的焦慮與隨之而來的防衛機制。

政治揭示個人與集體的心靈狀態

本章看似偏離了心理分析與個人歷程的主題,但事實上,我們每個人都是城邦（Polis）的公民,集體經驗中的事件會觸及、影響每一個人,同時觸發我們內在最深的恐懼,以及我們對這些恐懼的防衛反應。

人們在社交場合有個心照不宣的默契,如果希望大

家能共度一個和諧愉快的夜晚,那絕對不要談論政治和宗教信仰。一般來說,我也遵守這個明智的建議。然而近幾年來,我和其他治療師仍不得不面對患者對於美國現況產生的強烈焦慮和憂鬱。很顯然,發生在周遭的事情會影響我們,也會在個人生活中表現出來。我希望在本章以理性且尊重的態度來探討,是什麼驅動我們?分裂我們?使我們團結起來的力量是什麼?據說,十九世紀的偉大醫師路易‧巴斯德(Louis Pasteur)在診療室的門楣上擺放了一句話,意思大致是「不要告訴我你的政治和宗教立場是什麼,只要告訴我讓你痛苦的原因。」[1] 我正是以這樣的心情,寫下這些文字。

我要討論的內容,與其說是政治性的,不如說比較偏向心理學。不過,我們每個人都是從政者(politicians),因為我們都生活在這個城邦裡,也對其有所貢獻。在擁有政治立場之前,我們的身分是從政者。

來自全美國各地的心理治療師表示,除了焦慮與憂鬱加劇,過去幾年來,他們在個案中觀察到一種普遍

傾向，患者對國家現況出現普遍性的固著反應、更嚴重的睡眠障礙，以及腸胃問題與其他身體症狀。這些患者一開始的反應是恍惚與否認，但這些反應通常會遭到焦慮與憤怒所取代，這是人們的福祉受到真實或主觀感知的威脅時，所出現的一連串典型反應。我們必須認清這個事實，並著手處理，而且要謹記（據說是）馬可・奧理略（Marcus Aurelius）的提醒：我們所聽見的一切只是意見，而非事實，是一種觀點，而非「真相」。或許客觀的真相不存在，但我們總是有主觀經驗存在，還包括因為某些情境而觸發的情結。如果法國哲學家約瑟夫・邁斯特（Joseph de Maistre）所說為真，「有什麼樣的人民，就有什麼樣的政府」，那麼近年的歷史正揭示了關於我們個人與集體心靈的某些狀態。[2]

1929 年，孟肯（H. L. Mencken）在《巴爾的摩太陽報》（*Baltimore Sun*）寫道，「隨著民主制度愈臻於完美，總統這個職位會愈來愈能代表人民的內在靈魂。在光輝美好的某一天，這片土地的平民百姓終將實現其內心的渴

望,讓一個不折不扣的蠢蛋入主白宮。」[3]

那麼,這些老百姓到底是誰?2016年12月5日,《紐約客》雜誌(*The New Yorker*)刊登來自馬里蘭州的雅斯敏・亞斯卡利(Yasmin Askari)的投書,其提到投票給川普(Donald Trump)的人:「他們不是美國的陰暗底層,他們就是代表美國。正是這個存在結構性種族主義的美國,使最高法院得以推翻《選舉權法》(Voting Rights Act)中的關鍵部分,不成比例的剝奪少數族裔的選舉權。同一個美國,允許行政部門在海外對穆斯林執行不符司法程序的殺害行動。也是這個美國,在社交媒體上抗議仇恨行為,但是看到戴頭巾的女性在公眾場合遭騷擾時袖手旁觀。這不是美國的全貌,但這就是美國。」

即使在這個大家的生活普遍較為安穩的時代,我們知道美國教育水準的落差愈來愈大,貧富差距,以及對更美好未來的想像差距也在擴大,這些都會成為焦慮、絕望、憤怒與抗議的溫床。

在不算很久以前，有一位美國政治家寫道，

我們的民主正面臨挑戰：在這個國家，我看到幾千萬公民（占全人口的相當大一部分），此時此刻還未得到按今天最低標準也應稱作生活必需品的大部分物品。

我看到數百萬家庭收入微薄，勉強度日，每天都在家庭悲劇的陰影籠罩之下。

我看到數百萬城鄉居民日常生活狀況早在半個世紀前就被所謂體面社會看作很不體面，如今依然如此。

我看到數百萬人得不到教育，娛樂以及改善自己和子女的境遇的機會。

我看到數百萬人缺乏購買工農業產品的手段，而他們的貧困又使更多的人失業，無從發揮生產力。

我看到三分之一的國民住不好，穿不好，吃不好。

這段話出自富蘭克林・羅斯福（Franklin Delano Roosevelt）在 1937 年的第二次就職演說。

儘管美國現在的經濟狀況自大蕭條時期以來已改善很多，小羅斯福總統的話依然令人震撼且深具預言性。一位川普的選民說，這是讓人們注意到自己的唯一方法。另一位選民說，當你從東岸坐飛機到西岸，他們就生活在飛機飛過的那些地區。現任副總統范斯（J. D. Vance）在他的著作《絕望者之歌》（*Hillbilly Elegy*）提到，遭到遺忘的貧窮白人，是美國最絕望的一群人，甚至比貧困的黑人與拉丁裔族群更絕望。

「這些人」究竟是誰？我就是其中之一。

因為大蕭條的緣故，我的父親在就讀八年級時被迫輟學，從此一輩子在工廠工作。我的母親是個孤兒，在貧困中長大，後來成為一名祕書。在我小的時候，父母教導我的主要觀念（以明示和暗示的方式告訴我），永遠是「不要抱任何希望，不要有任何期待，連問都不要

問，這樣你就不會心碎。」他們的忠告是出於善意。他們想保護我，即使他們同時也要我以消極與放棄的態度過我的人生。我非常感激自己能夠生在那個年代，窮人家的孩子也能接受教育，並且上大學。我一輩子的非裔老友肯特・威爾森（Kent Wilson）就住在我家附近，他甚至拿到哈佛大學的獎學金。他後來取得 MBA 學位，在維也納的巴登（Baden bei Wien）過著充實豐富的人生。他小時候全靠著浸泡牛奶的麵包裹腹。他沒有怨言，不覺委曲。我們沒有任何期待，儘管我們的內心深處有種力量驅使著我們遠走他鄉，若必要之時，甚至遠行到月之暗面也可以。

投票意向所反映的國際政經情勢

那麼，2016 年發生了什麼事？權利遭剝奪的人、憤怒的人表達他們的聲音，雖然總票數並未過半，但票數足以透過現行的美國選舉制度贏得大選。這個選舉制度是十八世紀的政治前輩留給我們的，他們設計這個制度

是為了保護國家，防止人民選出（前文提及的）孟肯所擔心的煽動民心的政客當總統。從 2016 年起，川普激化、助長，並從許多美國同胞深切的痛苦中獲利，使美國成為一個分裂且極端對立的國家。

19 世紀時，後來成為英國首相的班傑明・狄斯雷利（Benjamin Disraeli）曾寫道，在他那個年代，英國分為兩個對立的陣營：富人與窮人。如今，貧富差距日益擴大，威脅著世界的穩定秩序。

在美國，對未來充滿希望的人與不抱任何希望的人之間，存在著更大的鴻溝。對許多宗教保守派人士來說，人口結構變化不利於他們，成為占比愈來愈小的政治團體，而他們認為重要的價值觀，則不斷遭到不同的生活方式與定義所侵蝕。我的父母認為，性別認同與性別角色由生理學與神學決定，而不是由經過一再解構的社會架構來決定。種族與族裔應該要安分守己，這種定義明顯具有從屬性質。這個充滿確定性或穩定性的世界已經瓦解，取而代之的是模稜兩可的巨大深淵。

人類的自我不喜歡模糊不清的狀態，偏好確定性，並且希望在某種程度上掌控局勢。隨著穩定性逐漸消失，焦慮感愈來愈強烈，保守團體因為失去權力與地位，而變得憤怒和狂熱。

由於人口結構變化對他們不利，於是許多人設法干預現有制度以維持權力，並尋找「救世主」來帶領他們對抗後現代世界的變化。許多人在面對不確定的阻力時，會渴望重新恢復舊有的世界觀。即使此舉無法給予他們特權與優勢（其實大多數情況下可以），至少讓他們感到安心。但眾所周知，自然的本質就是變化，無論遇到何種對抗的力量，改變會持續向前推進。暫時扭轉變化並非不可能，但如今這個情況，精靈已經從瓶子中跑出來，不再回到原有的玻璃牢籠。

已故波蘭社會學家暨哲學家鮑曼（Zygmunt Bauman）主張，我們活在流動的液態世界中（這或許一直是我們的生活狀態），而不是靜態不變的世界裡。若現代性與後現代性是由它的流動性來定義，我們堅持固守過去，只

是徒勞無功而已,而渴望按照自己過去的方式生活,只不過是不切實際的幻想。

儘管多數的民眾會被所謂的「製造分裂的議題」(wedge issue)分散注意力且心懷憤恨,例如墮胎、校園祈禱,以及少數族裔的權利,但美國的改變正把我們帶往「實現自由公平正義」的目標,如同這個國家在兩百多年前對人民的承諾。雖然投票群體中確實有偏執之人與種族主義者,但絕大多數的人只是害怕未來,並認為自己無法對未來發揮任何影響力。人數最多的一個群體,是覺得自己被他們所熟悉的時代拋下的人:經濟結構與未來展望的變化、確定性消失、來自族裔團體的壓力、電腦和自動化的衝擊,以及製造業中心外移。

我小時候常聽到一句話,「通用汽車(GM)往哪裡走,國家就往哪裡走。」有鑑於豐田、賓士、BMW等品牌的現況,以及過去數十年主導世界的國際經濟的轉型,這個說法現在聽起來非常過時。指標性的美國鋼鐵公司(US Steel)如今已被日本公司收購,多數製成品則

來自海外。

以憤世嫉俗的態度操縱這些所謂的「製造分裂的議題」，引發了一個很大的心理學問題，具體來說就是，為何有這麼多人投票給對自己不利的人？如果像早年某位政治人物曾說的：「笨蛋，問題出在經濟！」美國的主要產業已經外移到國外，或者像煤炭和天然氣一樣資源枯竭，為何有那麼多人決定支持一個想要復興夕陽產業的候選人？這個問題的答案相當複雜，但最根本的關鍵在於恐懼。害怕改變、害怕不確定性、害怕失去對世界的理解與掌控感。人們面對重大快速變化時，都會產生這種本能的防衛心理，但有些人能重整觀點，看見全局，而有些人不能。

有不計其數的研究指出，人們是憑著直覺，而非理性制定決策，代表人們是透過當下正在運作的情結來決定，這種情緒的影響強烈，難以用理性論點說服其改變固守的立場。那悄悄逼近的改革幽靈，以及隨之而來的不確定感，是觸發這種心理反應的原因。因此，「讓美

國再次偉大」（Make America Great Again）這樣的口號，直接訴諸的是一個幻想：我們可以回到更單純的年代，有更單純的信念與價值結構。

電腦時代、正在崛起的人工智慧、資源與價值觀的全球化，以及對文化多元性的重視，導致許多人相信，自己對人類的未來無足輕重。於是，他們開始嚮往一個已經不復存在，而且本來也不怎麼好的世界（我很清楚，我曾經活在那個年代）。那是一個少數人享有特權、多數人被剝削的年代，女性與有色種族的靈魂遭到壓抑，不接受質疑，異議不受歡迎。那樣的世界只會吸引思想封閉、抵抗改變，不願意接納世界現狀的人。

舉一個投票反對自身利益的例子，福音派基督徒熱心支持一個經常違反其最珍視價值觀的男性。榮格在很久以前就察覺到這個傾向：「只相信而不思考的人，會一再的迫使自己面對最可怕的敵人：懷疑。信仰主宰了哪個地方，懷疑就潛伏在它的背後。」[4]

他們熱情支持一位男性,其貶低女性;嘲笑兒子為國捐軀的穆斯林夫婦;模仿一位行動不便的記者;對自己的女兒發表猥褻暗示;模仿其繼任者口吃的說話方式;販售從教育產品到聖經等劣質商品;邀請俄羅斯介入美國選舉。他吹噓不繳稅,拒絕公開其報稅資料,並將支持者辛苦賺來的捐款,用來支付一連串的法律訴訟。他對這一切並無羞愧之意。有良知的人才會感到羞恥。假如人們投票捐款給明顯違背其宗教核心價值的人,那麼背後必然另有原因。一切表面上的理由,都不是事情的真正關鍵,只有恐懼可以解釋這種不假思索的盲目與道德矛盾。

回顧人類歷史就會發現,當恐懼感蔓延時,人們很容易受到那些承諾「終止痛苦」、「改善現狀」與「恢復過去舊秩序」的人所吸引。我們的社會現在正在經歷劇烈的人口結構變化、國際經濟也發生巨大的轉變,經濟局勢也出現了重大變動。

未受教育的白人勞工有理由擔心,自己的工作機會

遭海外國家搶走,因為制定決策的董事會只想賺錢。因此,許多人將希望寄託在一個自詡為強人的領袖身上,期望此人來拯救他們,即使他是美國歷史上第一位從未擔任過民選公職的總統、沒有軍事經驗,且對核武問題不以為意。這樣的人物與其說是個拯救者,不如說是某種社會徵狀的表現。

找出最好的方法與改變共存

榮格寫了一篇審視納粹德國(Third Reich)的文章〈大災難之後〉(After the Catastrophe),他說,在動亂的時代,德國人選擇了一個最不正常的人來擔任領袖。他就像童話故事中的吹笛人,帶領所有的人行走在屋頂上,最後跌落在街上,摔斷了脊骨。美國人沒有學到這個歷史教訓,如今其陰影依然在這動盪的時刻和受困的國家裡作祟。改變從來不會輕易發生,但歷史告訴我們,未來屬於能夠承受與適應改變的人,而非拒絕改變的人。我們害怕的事已經發生了,現在我們必須正視它,找出最好

的方法與改變共存。

每個人都能從這個歷史時刻,學到一些課題,不過沒有一樣是令人舒心的。

1. 所謂包容與融合的「共同」價值觀非常脆弱,尤其當舊秩序面對改變的挑戰時,愈來愈多外國人出現在這些人視為自己地盤的地方,錯綜交織的全球經濟體不時引發焦慮與恐懼。

2. 人類其實是非理性的。我們受制於當下遭到觸發的心理情結,而非理性分析。那些應該在變動時代提供穩定性與持續性而成立的文化制度,現在卻已遭到利用,社會制度持續犧牲多數人,讓少數人享受特權。理性可以輕易被推翻,囚車上裝滿了政治犯屍體,唯一得利的只有殯葬業者。

如同杜思妥也夫斯基(Dostoevsky)筆下的「地下室人」(underground man)所呈現出來的,人類經常做的事,就是將自己的非理性信念與行為合理化,並且

讓焦慮管理系統來主導。心理學家都知道，我們會運用理性來合理化自身的情緒反應，在確認偏誤的作用下，扭曲現實來滿足我們的情緒需求（譯注：地下室人是杜斯妥也夫斯基的小說《地下室手記》的主角。）

3. 人們貶低學習、科學與知識的價值，而喜愛人為的電視實境秀。假若批判性思考能力曾經存在，如今也早已成為遙遠的記憶。當社會未能反省自利的心態，將使人陷入無知、說謊與推諉的循環之中。當我們不喜歡「事實」，我們可以創造「另類事實」。這種廉價的手段或許可以提供暫時性的安慰，但長期來看，它是用非理性且病態的方式做出重大決定。

4. 如我之前所說，我們以「恐懼」為行事導向，而非真正重要的關鍵議題。就像調查記者所說，「跟著金流的蛛絲馬跡走」，如今我們也可以說，「跟著恐懼的蛛絲馬跡走」，並可迅速分辨，儘管許多人表面看似虔誠，卻隱藏著操控的黑暗動機或意圖，正在人

們的大部分生活中發揮作用。

5. 如今榮格提出的陰影概念，比以往任何時候都更加適用。我們稍早曾討論，陰影包括我們個人，或是我們所歸屬的群體，當那個部分被帶進意識層次，會令人感到不安，並與我們宣稱的價值相互抵觸，而我們卻又維持著某種不自覺的忠誠，難以脫離。大多數時候，陰影是無意識的，或是投射在他者身上，於是他者必須承擔我們不願意承認的部分。我們會因此懼怕他者，因為他者讓我們想起那些不想面對的部分，於是我們將壓抑的部分投射到他者身上，對方成了「敵人」，因為我們難以面對自己內心的他者，也就是自己不想承認的陰影。

當我們感覺自身核心價值觀遭受侵犯、我們的安全感與未來的可預測性受到侵害、文化歷史與歸屬感遭到忽視、家庭與孩子的未來被邊緣化，甚至受到迫害，自然會陷入恐慌，並試圖重建舊秩序，也就是我們過去熟

悉且曾感到安全的世界。當人們的絕望感增強，所尋求的補救力道也會增強。

為何治療這些分裂如此困難？首先，我們具有一種天性，軍方稱為「識別敵友系統」。空軍飛行員經常需要在很短的時間內做出攸關生死的決定，判斷朝著自己而來的戰機是友軍（例如北約）或敵軍（MIG戰鬥機）。現在的飛行員有時必須在對方遠在地平線之外，也就是肉眼可見之前，就做出決定。這種心理機制對我們的生存極其重要，因為在搖晃樹枝背後，可能是部落族人，也可能是埋伏的老虎。因此我們若要緩和朋友或敵人之間的界線，需要克服本能的保護機制，這顯然不是容易的事。

其次，自我就像是一座漂流的小島，漂浮在能量不穩定的海洋中，很容易被淹沒。我們知道，自我會維護自身的權威地位，藉此來平息焦慮，往往導致一種不切實際但有保護作用的自我膨脹。我們每個人或多或少都有這種防衛傾向，並將更多的威脅感投射到他者身上。

最後,自我與無意識的關係永遠是矛盾的。正如榮格所說,「對無意識的畏懼與抗拒是可以理解的,因為那是通往冥界的旅程。」⑤ 這種兩極化的對立性深植於我們的生存機制,只有跨文化交流適應、自我成長、教育、旅行等活動,才能培養出堅韌且有彈性的心靈。很顯然,一個人或一個文化的成熟度,與我們容忍他性(Otherness)的能力,存在著一個適當的比例。任何形式的他性都可能引發模糊與矛盾感,進而觸發焦慮與防衛機制。

榮格提出的陰影概念,具有個人和集體的特質。即使是最文明社會的表象之下,也潛藏著古老的陰影的原始力量。榮格在 1930 年代對德國的觀察:德國的隱藏之神不是基督教的上帝,而是戰爭之神「沃坦」(Wotan)。⑥ 德意志國家社會主義工人黨(Nationalsozialistische Deutsche Arbeiterpartei, NASDAP),也就是所謂的納粹黨,最初只有六名成員,其中一個人是希特勒。儘管希特勒並非創立者,但他是那群人中最能言善道的,於是成為了領袖。

他的軍事謀略能力拙劣,但不幸的是,他非常善於操弄那個時代的恐懼感。

榮格在1936年的一篇文章寫道:

> 原型的強大力量會壓倒理性,使集體失去判斷與倫理感,進而陷入瘋狂。如果三十年前有人大膽預測,人類的心理發展正朝著重演中世紀迫害猶太人的方向前進,歐洲會再次俯伏在羅馬的領事權力與軍團的腳下,人們會像兩千年前一樣,再次行羅馬式敬禮,古老的卍字符(wastika)會取代基督教十字架,引誘數百萬名戰士自願上戰場赴死,任何這樣預言的人都會被嘲笑是帶著神秘色彩的傻瓜。而今天呢?這些看似令人難以置信的事,但卻是可怕的現實。⑦

於是,無數個微小的不滿匯聚成龐大的怨恨,演變成一股地下的暗流,最終成為橫掃歷史舞台的浪潮,

並且持續一段時日,直至它的補償出現,也就是那位自詡為救世主的人現身。因此,回應近幾年崛起的女性價值觀,我們看到的是一個陽剛的領導團隊;對於勞工階級的擔憂,我們有一個由億萬富豪組成的內閣;對於關懷地球的訴求,我們有主張開採石油並喊出「鑽吧,寶貝,鑽吧」(drill, baby, drill)的候選人;對於人類情感的細膩尊重,則有粗魯的洗腦式口號,刻意挑釁的言語,以及當眾翻臉的政治文化。所以說,歷史是在反動與反撲的循環中推進的。

審視國家領導人

對民主體制內的每一個人來說,審視領導人的心理健康,是一件困難卻必要的事。因為有太多誇誇其談的心理治療師與精神科醫師,對候選人的健康與心理狀態妄加評論,於是在 1964 年催生了著名的精神醫學學會職業道德守則「高華德守則」(Goldwater Rule)。雖然今日我們對候選人的了解更多,也能接觸到大量關於其行事

為人的資訊。隱私蕩然無存，一切都攤在陽光下。我們無法假裝沒看到的，那些自 2016 年以來一直在我們眼前存在的事情。關於自戀型人格障礙的特質，以下是心理學家針對總統最常提出的診斷：

- ◆ 誇大的自我風格，期待他人給予最高規格的禮遇
- ◆ 沉迷於權力、成功、聰明才智、魅力等方面的幻想
- ◆ 自認為獨一無二、優越，喜歡與高社經地位的個人或機構有所關聯
- ◆ 需要不斷得到他人的讚賞
- ◆ 認為自己理應得到特殊的待遇，以及他人的順從
- ◆ 利用他人以達成個人目的
- ◆ 不願意同理他人的感受、願望或需求
- ◆ 強烈嫉妒他人，並認為其他人也同樣嫉妒自己
- ◆ 舉止自負且傲慢

你是否覺得上述特質很熟悉？雖然這些人物側寫與多位前任總統相符，但我們要檢視的是再次入主白宮的

川普,他是這個病理診斷的代表性人物。檢視與監督我們的領導人是公民的責任。

這種人格障礙的一個特點是,無法向內審視並承認自己的陰影。相反的,他們將自己的陰影投射到他人身上,迅速「扭曲」事實以迎合自己的利益,對於任何實際存在或主觀感受到的蔑視,都極為敏感,通常會以攻擊性的方式回應。[8]也有人認為,這位新任總統的問題不是心理方面的,而是政治方面的:一個懷抱民粹主義意圖的野心家,並且有操弄體制的能力。對他而言,解方不是心理治療,因為他絕不會進入諮商室,而是來自其行為引發的政治反彈與法律後果。

我們來回答這個問題,他有精神方面的疾病嗎?他適合擔任這個全世界責任最重大的職務嗎?答案是:「是」,以及「否」。梅約醫療國際(Mayo Clinic)等醫療機構指出,自戀型人格障礙是一種精神疾病,患者會誇大自己的重要性,非常需要別人的讚賞,同時缺乏同理心。但在這個極度自信的面具背後,藏著脆弱的自尊,

對最輕微的批評也極為敏感。他的「假我」(false self)在面對嚴格檢視時已岌岌可危。過去他經營企業時猶如中世紀的貴族,不容許任何反對者,現在他必須面對媒體、情報體系、司法部門、各種傳票與起訴,以及許多他不願意面對的事實。

探索自身的陰影,才能醫治自己和國家

面對這些分歧、全國性的仇恨,我們能做什麼?我想到七個方法:

1. 從自己開始。我認識一個住在休士頓的人,他為自己制訂了一個自我檢視計畫。我認為他誠實面對自我的誠懇與人格力量,足以成為我們的榜樣。若要治療我們的分裂靈魂與分裂國家,須從謙卑做起。他是這麼說的:「這個國家嚴重對立,如此巨大的分歧讓雙方都感到害怕。我們都努力尋找能夠治療創傷的方法。過去十年來,我發現,政治與關於政

治的討論會引發我內在最糟糕的一面，這令我很難過。我不想成為這樣的人，我在自己身上觀察到以下情況：

◆ 我察覺到自己對信念與價值觀非常依賴和執著。
◆ 我發現自己難以用開放的心態，去傾聽與我立場相反的意見。
◆ 我對自身觀點的自信，使我產生傲慢與自以為是的心態。
◆ 這種傲慢與自以為是的心態，使我對抱持不同意見之人，產生輕蔑與憤怒的情緒。
◆ 輕蔑與憤怒的情緒可能會破壞我的幸福感與內心的平靜。

我希望有更多人開始探索自己的陰影，如同榮格提到，我們有必要進行陰影探索：這世界上的所有錯誤，也同時存在於我們的內心，如果我們開始面對這些問題，就開始了 Tikkun Olam（猶太教的一個概念，係指修復和改善世界的行動），也就是醫治我們

的世界。

2. 挺身而出。無論是在家裡或職場，當你的價值觀遭侵犯時，都要挺身而出並勇敢發聲。在適當的時間和地點提出抗議。習得無助（Learned helplessness）的感受會導致被動消極，而進一步引起倦怠、憤世嫉俗與絕望。

3. 投票。

4. 繼續做你正在做的事，因為社會的健康要仰賴你善盡父母、照顧者與公民的責任。你若是詩人，就寫詩；若是音樂家，就作曲；若是母親，就盡心照顧孩子；若是木匠，就打造好作品，以此類推。即使體制動搖與崩解，維護文明的工作必須持續下去。我們每個人都是維繫文明的人。我們需要放下那種徒勞無功的想法，也就是以為我們能掌控事情、人，或是歷史的進程，但我們能決定自己的價值觀、我們堅持的主張，以及我們在這短暫一生努力

想要達成的目標。

5. 當個仁慈的人,因為我們在同一條船上,包括現在和未來。請記得生活在動盪時代之人說過的話。斐洛(Philo of Alexandria)在二千年前提醒我們,當懷抱善意,因為我們遇見的每個人,都背負著自己的痛苦。請你記住,我們所面對的人,他們的心中都充滿了恐懼,若我們對他們的恐懼缺乏同理心(無論這恐懼是真實或想像出來的),將永遠無法找到彼此的共通點。當然,還要請你記住林肯總統懇切的呼籲:「不對任何人懷有惡意,對所有人都心懷慈悲。」他希望我們以這樣的態度對待周遭的人。

6. 抱持懷疑態度(skeptic)。對於來自任何人看似普遍正確的陳述,抱持不信任的態度,並不是消極悲觀,而是務實。孟肯在 1930 年如此寫道:「即便是自認理性開明的人,仍會執著於古老過時的概念,並將其視為真理。更糟的是,那樣的自我欺騙,使他們將一切非理性且違背所有已知事實的信念,當

成一種知識。」⑨懷疑就和疑慮（doubt）一樣，透過提問與深究，才能真正尊重並探究重大議題的真相。

有批評者指出，美國的靈魂或許已經破產，但並不空虛，而是充斥著陳腔濫調、垃圾食物、亂七八糟的觀念、無用的科學，以及數不清令人分心的事物。

有幾個政府官員將奴隸制度的殘酷描述為：為一群人提供有用的交易技能，使他們可以從中獲利，這個說法若不是瘋了，就是一種病態的諷刺。那些因為無知或保護特權階級和經濟既得利益者，而否定氣候變遷的科學證據，或否定應對新冠肺炎的嚴謹醫療方法，手上都沾滿了鮮血。許多美國人和其他國家的人民因此而喪命。這難道不是我們大家都該關注的嗎？舉例來說，那些否定氣候科學的人如果進了急診室，會立刻放棄偽科學，而是要求進行麻醉與最先進的醫療技術。攸關自己性命的時候，人們的態度就會立刻改變，因為現實無法忽視。

7. 保持覺知，將你的靈性中心作為穩定的支點，以及安全的所在。如同艾蜜莉・狄金生（Emily Dickinson）在美國內戰期間所寫，「水手看不見北方，但他知道指南針可以」。[10] 她像先知一般準確覺察到，外在與體制權威正在崩解，並想要提醒我們每一個人，我們擁有一套內在的指引系統，一個實際存在的羅盤，能夠指引我們，並帶領我們做出正確的選擇，即使我們有時會感到非常孤單。榮格更進一步呼應狄金生的話，他指出人類存在的唯一目的，是在純粹存在（mere being）的黑暗之中，點亮意識之燭。

我對讀者的盼望與呼籲是：請讓你的意識之燭繼續燃燒，先處理你自己的陰影，再來談他人的陰影。在你的心中，對於所有人的自由、尊嚴與尊重，保有熾烈的熱情。

7

凝視深淵

學習與模糊和矛盾共處

獅子將會與小牛一同躺臥,但小牛會徹夜未眠。
——伍迪・艾倫(Woody Allen)

世人很容易誤解尼采。每個人遲早會犯下這難以避免的錯誤。在 1920 年代，利奧波德（Leopold）與婁伯（Loeb）就是例子。這兩個聰明的芝加哥大學哲學系研究生，不斷玩味尼采的迷人文字，於是他們認為，假如尼采的超人理論（Übermensch）或是「超人」（Superior Man）可以超越法律，他們就可以藉由殺死一個孩童，來展現自己的崇高地位。年僅十四歲的巴比・法蘭克（Bobby Franks）在 1924 年因為這兩人對深淵（abyss）的迷戀而喪命。

由於克萊倫斯・丹諾（Clarence Darrow）出色且熱情的辯護，使兩位學生倖免於喬利埃特市（Joliet）的電椅處決。1936 年時，婁伯在獄中遭人用利器刺死，但利奧波德則在 1956 年假釋出獄，與一個宗教團體合作，過著模範生一般的生活，甚至在人生的最後幾年從事醫療照護工作。在當時，兩人當中有一人表示，想知道成為殺人犯是什麼感覺。事後他說，他覺得殺人之後與殺人之前的感覺並無不同。巴比・法蘭克的死甚至談不上有任何

目的，淪為毫無意義的謀殺和猖狂自戀的結果。

在最近的一部電視影集《罪人的真相》（The Sinner）中，有兩個年輕人也是藉由違反傳統道德（包括四處殺人），來證明自己是更優越的人。到最後，主角遭一位警員開槍射中腹部，死的悲慘。警方被問到血腥的結果，則是回應那個年輕人在死亡時充滿恐懼。尼采那些虛張聲勢的幻想也不過如此而已。

人類如何面對死亡的限制？

我在過去一個月失去了三個好朋友與同事，我們在童年和高中時期相識，包括我一生的摯友肯特。不久之前，由於我的病況預後不佳，再加上我已經八十多歲，太太和我決定搬進養老社區。嚴格來說，它並不是養老院，每個住戶有自己的住房，可以自由進出，參加課程或出門旅行等。不過，這裡確實有專業的護理單位和失智照護中心。若說這裡的每個人都在等死，那並不準確，因為他們是一群活力充沛、積極投入生活的長者，

許多人曾有傑出的事業成就和精彩的旅行經歷,但我無法忽視他們手中的助行器和拐杖。另外,假如某個人有一、兩天在晚餐時間沒有出現,就會引起大家的關心。我對太太說,我們需要適應跟老年人一起生活的日子;她提醒我,我們也是老人,最好快點習慣。所以,就像歌舞雜耍團的開場白,「今晚我很高興來到這裡,不但如此,今晚我無論在哪裡,我都很高興。」

歐內斯特・貝克爾(Ernest Becker)在 1973 年的經典著作《死亡否認》(*The Denial of Death*)中探討,人類大部分的行為,其實是對矛盾事實的回應,那個矛盾事實就是,人類這種動物意識到自己終將會死亡,而死亡擁有終極的主權,可以決定在任何時刻降臨。但人類這種動物也有能力,以象徵性的生命形式,對應其有限的生命,並提供某種程度的慰藉,甚至可能超越死亡。

貝克爾主張,多數的文化是一種複雜的手段(儘管是無意識的),讓個人或部落能透過來生的觀念,逃避死亡的定局。當然,若真有來生,它也是另一個人生,而

不是此生,而此生有痛苦與失落。如同哈姆雷特所言,從來沒有一個擺脫肉體束縛的人從陰間回來,告訴我們死亡是什麼。

以前把人們與眾神所居住的超越性領域連結的部落式信仰以及象徵性系統,正在逐漸消逝,導致人們的存在焦慮不斷上升。因此現代與後現代西方文化衍生出大量的治療計畫來緩解痛苦。自古即有藥物和酒精,但我們現在擁有的是一種怪異的隨時上線、全天候運作的大眾文化,可以分散我們的注意力。

早在十七世紀,數學家暨神祕主義者布萊茲・帕斯卡(Blaise Pascal)注意到,宮廷創造了弄臣來娛樂眾人,使人們因為無暇思索存在的困境並陷入陰鬱。他稱這個現象為 divertissement,也就是「轉移注意力」。如今這些轉移注意力的方式更加隨手可得、愈來愈繁複,其程度與傳統宗教的衰退成正比。我們這個躁動的文化看似積極趕往某處,並期望迅速抵達,其實是在逃避死亡焦慮。我們可以遵從睿智的薩奇・佩吉(Satchel Paige)的智

慧,他曾說,「不要回頭看,因為可能有個東西正在追趕你。」① 但莎士比亞筆下的《理查二世》第三幕提醒我們,我們就算要逃,也逃不了多遠:

因為在那圍繞著凡世國王頭上的
這頂空洞的王冠之內,
正是死神駐節的宮廷,這妖魔高坐在裡面,
揶揄他的尊嚴,訕笑他的榮華,
給他短暫的呼吸時間,讓他在舞臺上露個臉,
使他君臨天下,受到敬畏,
一個眼神就可以致人於死地,
把妄自尊大的念頭注入他的心,
彷彿這包藏著我們生命的皮囊,
是一堵堅不可摧的銅牆鐵壁;
當他這樣志得意滿的時候,
卻不知道他的末日已經臨近眼前,
一枚小小的針就可以刺破他的壁壘,
於是再會吧,國王!

> 學習與模稜兩可共處,是成熟人格的徵兆
> 之一。我們今天擁有的任何確定性,遲早會
> 被某種相互矛盾或更有吸引力的東西取代,
> 使我們必須重新回到起點。

貝克爾的文化分析解構了大眾對於「美好人生」的看法,這種日子充滿了各種令人分心的事物,從享樂主義、消費主義與成癮行為等偽宗教而來的各種娛樂消遣、甜言蜜語,以及光鮮亮麗的誘惑。過去的象徵性系統,在科學方法與發現面前逐漸式微;旅行與教育讓個人的體驗超越部落範圍;曾被視為由本體論或神學決定的社會結構遭到解構;以及各類經驗主義,都改變了人們的固有思想。結果就是大眾開始(或試圖)追逐時下短暫流行的瑣碎潮流,來填補空缺。這些表面上琳瑯滿目的選擇,其實就是所謂的恐懼管理系統,正如某些學者所形容的,這是試圖調解兩種內在的心理衝突:一方面是自我對永續存在的渴望,另一方面是不可避免且無法預測的死亡。

同樣的，歐文・亞隆（Irvin D. Yalom）在《凝視太陽》（*Staring at the Sun*）中提到，當我們真正的覺醒，領悟自己無法掌控此生，不知接下來會發生什麼事，以及自己有哪些選擇。亞隆支持一種觀點，即使這樣的恐懼會使人失去力量，也可能激發積極肯定的人生目標。我們被召喚去釐清人生真正的優先順序是什麼，珍惜我們與所愛之人的關係，並且更願意承擔風險，投入追求靈魂渴求的東西。

學習與不確定性共處

我最近面對的一些醫療挑戰，包括放射線治療、化療與幾次高風險手術，讓這個議題成為我生命中無法忽視的焦點。我發現我已經接受自己將死的事實，說真的，不然還能有其他選擇嗎？但我也發現，自己沉浸在強烈的情感之中，我不想留下伴侶和我們已經成年的孩子。此外，我依然非常珍惜我的工作，充滿好奇心，對當前在考古學、人類學、天文學與各種人文領域中的最

新發現充滿興趣，這些學習從不令我失望，總能拓展我、啟發我、引發我提出更多的問題。換句話說，還有好多東西值得我為它活久一點。

學習與模稜兩可共處，是成熟人格的徵兆之一。我們今天擁有的任何確定性，遲早會被某種相互矛盾或更有吸引力的東西取代，使我們必須重新回到起點。這正是我們如何成長，並且與生命的根本奧祕維持關係的方式。里爾克提醒我們，我們需要持續被不斷擴大的東西打敗，這個觀念很吸引我，雖然它同樣令我生畏。我推測，里爾克想表達的是，假如我們不斷面對新的挑戰，從自我的觀點來看，我們會經常被「打敗」，但我們可以因此活出更寬廣的人生。

我愈來愈相信，漢斯・費英格（Hans Vaihinger）在1911年出版的著作《「彷彿」的哲學》（原文為 *Die Philosophie des Als Ob*，英文版為 *The Philosophy of the "As If"*）中提出的概念，他為差異巨大的兩個極端提供了一條狹窄的過渡通道。我們可以有意識的採取某個觀點、態度和實踐方

法,彷彿它是真理一般,因為這種方式可以幫助我們聚焦自己的能量,更重要的是,讓我們與自己的受限處境建立起一種有意義的關係,同時為如何使用自己的能量賦予了目的。

思考如何運用餘生

這個「有用的虛構」概念,可以促進實務與態度的改變與承諾。蘇格拉底(Socrates)曾說,他不知道是否有永生的存在,但這個主題極具吸引力,足以讓他以一生來鑽研。同樣的,照護者可能知道自己無法拯救他照護的人,甚至無法拯救自己,但對受苦之人提供溫柔、同理與深刻理解,本身就是獎賞。如同前面提到的比喻,在家中裝滿黃金,但最後只會發現,我們無法從愛上金屬得到什麼意義。

因此,我們有責任慎選我們人生所要「虛構」的事。最近,我並未全心關注榮格心理學(或分析心理學)是否能夠存續下去,但我確實知道,它在過去半個世紀提供

的視角與框架,讓我擁有了幾十年有意義的生活,其效用直至今日依然持續存在。美國導演伍迪・艾倫曾說,他不希望透過作品而成為不朽,而是透過不死來成就永生。幾年前有人對我說,我的工作成果會藉由我的書而繼續存在,我回答,我預期在我過世二十年之後,就不會再有人讀我的書。換句話說,我不期待透過自己的努力成果獲得永生,我現在也不再渴望那樣的事情。畢竟,我屆時已經死去,無力再戰。如今對我重要的事,那時將變得無關緊要。

無論我們是否有意識的注意到,我們每天必須面對的實務問題是,「人終有一死這件事,促使我做了什麼事?或阻止我去做什麼事?」我認為,這個問題能夠促使原本什麼事也不做的人,開始採取行動,投入某個目標,做出承諾。關鍵在於,我們知道這個行動並不會改變終有一死的基本事實,但它會讓我們努力把剩餘的人生過得更充實。

當我們思考,生死的循環驅動著自然界的一切,包

括人類，我們或許會問：我們憑什麼認為自己有資格逃過一劫？死亡對自然界或神靈並不是問題，但對尋求永恆的自我意識則是個問題。我們是否經常自問：「我為什麼應該活得更久（同時一邊吸取氧氣，一邊無可避免的污染環境）？我應該比別人活得更久嗎？為什麼？」我們雖然需要自我來執行我們的日常生活，一旦自我察覺到自身的脆弱性，往往會自我膨脹，自認為一切由它作主，並且擁有特權。

現代醫學與手術的進步（我對此非常感恩），使人們愈來愈相信，壽命可以（也應該）無限延長，因此，當寓言中那個拿著鐮刀和沙漏的人物（即死神）出現在我家門口，我能否對他說：「終於輪到我了，我並非例外。我臣服於命運之輪。」希望到時候我真的能這麼說。

敞開心靈迎接世間的一切

人必有一死是個殘酷的事實，因此，對愈來愈多現代西方人來說，來生的盼望似乎愈來愈沒有說服力。因

此有更多人轉向佛教，佛教強調，自我的態度與強迫性依附是痛苦的根源。放下掌控生命的幻想，是我們的課題，但有多少人擁有那樣的洞察和勇氣？又有多少人不假思索退回自我構築的防衛機制中，以此抵禦不斷向我們逼近的生命循環？

我想，我們應對巨大深淵（Abgrund）或「崩解的地面」的方法，是與生和死的矛盾和平共存（我們受到死亡的限制，卻又渴望永生），而且不是依靠各種令人分心的事物轉移注意力，或是用形上學的手法迴避這個難題。海德格（Martin Heidegger）曾將這深淵定義為「存在的開放性」（the openness of Being），很適切的重構了這個概念。深淵不只令我們害怕畏縮，它也同時是通往無限可能的開口。迎接更廣闊的可能性，催生貝多芬第九號交響曲，同樣產生俗氣空洞的電子遊樂場，當中充斥著閃爍燈光、喧囂聲響，以及令人感到欣慰的轉移注意力之物。

我們今日對於這個奧祕的任何理解、任何的因應策略，到了明日可能都會徹底瓦解，例如當我們醒來時，

身側感到隱隱作痛,或是電腦斷層掃描照出了令人不安的陰影。因此,我們必須接受一個事實:人生就像一場賭局,勝出的機率相當低。最終,生命的意義不在於是否存活,因為我們不會活下來。但重要的是,在這段有限的時間中,我們如何過這一生。處於生命最後階段的人,不會夢到終局,而是夢到跨越和旅程。我們很想知道,靈魂的深處可能知道我們尚不知道的事。我們怎麼想,並不重要,真正重要的,是在生死奧祕之間的短暫過渡中,我們如何過這一生。讓自己與那個沒有結論的奧祕保持連結,或許就是先人所謂的智慧,也是心理治療傳統所謂的療癒。

與此同時,死亡有很多方式,失去生命只是其中一種方式。我們幾乎每天都在經歷死亡。當恐懼主宰了我們的人生,或是當我們不願真正面對生命中的難題時,可能就是一種死亡。當我們選擇安全感,而不是探險與發現,也是一種死。當我們選擇具有安撫效果的確定性,而非面對令人為難與困擾的本質,更是一種死。

請記住尼采的警告：當我們凝視深淵，應該要知道深淵也凝視著我們。儘管如此，若我們未曾靠近邊緣，從未望向深淵，就等於沒有真正活過，或只是以最膚淺的方式存在過。唯有我們意識到，重點在於我們曾走過這一遭，曾經敞開心靈迎接世間所有神奇與恐怖的事物，也曾盡我們所能活出靈魂的召喚，我們就重新找回了這段旅程的深度與尊嚴。

8

創傷的意義

修復心靈的方法

我們必須歡笑，也必須歌唱，

我們幸運的擁有一切，

我們眼睛所見的一切都是美好。

──葉慈

人生的本質是創傷。沉睡於萬古之中，萬事得到滿足，然後，小嬰兒從伊甸園般的狀態遭到暴力式的驅逐，進入充滿不穩定的自然界，最後以死亡終結。創傷經驗的意義與影響因人而異，因情境而異，因環境而異（從無害的環境到充滿不確定的處境不等）。雖然人類這種動物擁有驚人的能力，可以適應、發展與持續完成生命的任務，但創傷的印記會殘留在我們每個人身上。

或許創傷最簡單的定義是「超出自我意識在當下所能吸收的經驗量」。創傷也可以定義為，經歷超出我們的「世界觀」（Weltanschauung）在當下能建構、定義或處理的體驗。

後者的一個好例子是約伯（Job）的受苦。儘管他的各種損失已然很可怕，但他最大的創傷卻是：他與那位狂野之神的災難性相遇，摧毀了他所承襲的神學體系，他用來認識自己與世界的根本信仰遭到侵蝕，甚至徹底瓦解。他再也無法相信他過去所信的事物，也就是那些曾帶給他安慰，讓他在世上有掌控感的信念。從那一刻

開始，約伯在面對不可知且無法掌控的宇宙力量之時，被迫體驗靈性的赤裸。

同樣的，淑世主義（meliorism）在十九世紀末成為許多人的信念，這樣的信條在一戰時慘烈的帕森達勒戰役（Passchendaele）中消失殆盡。即使有夠多人努力實踐，這個道德與社會改善的哲思卻在索姆河（Somme River）戰役的大屠殺中徹底粉碎，英軍在短短二十四小時內折損了六萬士兵。正如詩人埃茲拉・龐德（Ezra Pound）所描述，現代文明是「有一口爛牙的老母狗」。[1]社會「進步」的理想自此之後再也無法如以往那樣受到信任（譯注：淑世主義認為，通過人類的努力，世界可以逐步改善並趨向更好）。

我們的內在擁有修復的力量

許多的人生經驗是創傷性的。早期的心理治療師相當強調出生是一種創傷。每個嬰兒都會面臨兩種威脅：劇烈的情緒衝擊與遭到拋棄，這樣的威脅會一輩子跟著

我們。人生中有很多事情超出了我們的處理能力，使我們不時會覺得自己就如古老靈歌所唱的「像個沒有母親的孩子」。猶如在外在與內在體驗的混亂激流中獨自飄流。我們所有人時常有著滿滿的無助、無力、屈辱，甚至人格解體（depersonalization，或譯失自我感）的感覺。無人能像布拉格的卡夫卡（Franz Kafka）那般，以如此戲劇性的方式描述這種存在狀態，例如〈飢餓藝術家〉（The Hunger Artist）、〈在流放地〉（The Penal Colony）與短篇小說《變形記》（The Metamorphosis）。

我們稍早曾談到，心靈似乎隨時有兩個意圖同時運作：療癒與擴大表達靈魂的意圖。我們每個人的內心深處，都有某個東西想透過睡眠、作夢，以及發展核心韌性，來尋求修復、恢復與重構。

精神科醫師莎賓娜・史皮爾蘭（Sabina Spielrein）主張，我們的創造力與想像力是人類發展的替代方法，透過重構性與救贖性意象，來因應創傷性元素的主要模式之一。只要想想，有大量的流行音樂主題，是關

於失去摯愛的感傷、逃離熟悉的人和地方，以及對復原的盼望。

　　睡眠研究告訴我們，我們一生中有三分之一的時間用於恢復性睡眠，在八十年的生命中有六年在作夢，就像莎士比亞說的，「修補散亂紛擾的心緒」。[2] 心靈透過癲癇發作與回溯，試圖處理與消除創傷性內容，並重新恢復未受損靈魂的伊甸園式生態。

　　如同創傷研究先驅貝塞爾‧范德寇（Bessel van der Kolk）在《心靈的傷，身體會記住》（*The Body Keeps the Score*）所發現的：創傷性事件會成為身體記憶的一部分。我們的神經會啟動戰鬥（fight）、逃跑（flight）、僵住（freeze）的行為反應，隨著時間的推移，成為慣性的反射性模式，不僅會對原始創傷產生這樣的反應，當其他處境引發類似感受時，就會啟動這些反應。舉例來說，假如某個人曾經遭到病態父親或母親過度控制，他在心理上構築的自我保護機制，往往也會延伸到其他人際關係中，作為預防性的保護措施。

這種現象學事件（也就是創傷本身）可能不涉及語言或意象，但它通常會觸發一個副現象的意象與破碎的敘事片段。敏銳的心靈會質問這樣的經歷，「那是什麼？」與「這代表什麼意思？」以及「我該如何理解這件事？」或許還有最引人深思的「這個經驗會讓我去做什麼？或阻止我做什麼？」最後這個副現象的問題其實是關鍵的啟發式探問，可以幫助我們從創傷與其造成的反覆情緒波動中，掙脫出來，並且重新獲得某種程度的自由。創傷的常見後遺症之一，是對聲音、畫面，以及某些關聯性刺激產生過度警覺。雖然這種警覺狀態出於保護本能，但它代表一個人與自身的感覺中樞過度連結，並且對周遭環境的聽覺與視覺刺激反應過於強烈。

我們知道，治療創傷的方法之一是使用鎮靜劑、在安全的環境中重現創傷事件，以及系統減敏感法。心理治療的功能是，辨識並隔離源自我們的經驗以及讓我們無法脫離創傷的「故事」。我們的故事源自人性需求，幫助我們找出人生的意義，以及賦予事件某種可能的理解。

對創傷的反射性回應

我們每個人會建構一個實質上的「假我」，之所以虛假是因為它是對創傷的反射性回應，而不是從自性產生出來的。我們分辨與追溯創傷輪廓的方法之一是，從童年發展出來的適應模式中尋找線索。我們都有各種應對的模式，包括解離、屈從、共依附關係，以及攻擊等。這些模式是創傷存在的證據，也是我們對創傷的反應表現。諷刺的是，這些適應性行為會產生一套保護系統，它反而使我們與自己離得更遠。正是這些保護我們的適應模式，會在我們的自我管理行為中，發揮愈來愈重要的主導功能。

事實上，我們可能會發現，創傷經驗愈嚴重，防護機制的反應（戰鬥、逃跑、僵住、適應等）就愈強烈。矛盾的是，那個提供我們少許保護的機制，也成為一種阻隔，將我們自然和本能性的自我，與那些讓我們跟靈魂疏離的策略行為，無法真正建立連結。簡單來說，我們愈是需要去適應發生在「外面」的事，就愈難與「內在」

那個自發性且具有創造性的部分產生連結。

心理分析的核心工作之一，是辨識每個人的「故事」，以及這些故事如何成為我們的反射性人生管理劇本。無論是逃避、投入、安撫，這些訊息像是一整套保護機制的組合，其已超出我們的控制，自行運作起來。因此，一個人為了生存所發展出的適應模式，其實是受到過去創傷經驗的影響，這些策略模式滲透進來，引導著我們當下的反應。

我們通常會根據發生在自己身上的事，來定義自己是誰。例如，假如我們在成長過程中不斷遭其他人貶低，我們可能接受那些說法，或者終其一生努力補償那些說法造成的影響。這種終生的適應性保護行為構成了我們的故事，但那些行為其實源於我們對某些事件的回應，而不是源自我們的本質。假如我們未曾覺察或質疑文化造成的創傷，像是種族歧視、性別歧視、年齡歧視等，就有可能任其定義一生。

我們每個人都被召喚要不斷重申:「我不是發生在我身上的事,我選擇成為現在的我。」或換個說法,「我是我的靈魂透過更完全的表達,站上世界舞台的那個人。」除非我們一次又一次重申這樣的宣言,否則過去的反射性保護行為會一再重複,削弱我們的力量。

但我們怎麼知道,自己並不等於發生在我們身上的事?又如何知道,我們的故事不等於我們的現實?嗯,首先,我們有時候(或許是經常)會超越那些故事。成長所帶來的需求和心靈天生具備的韌性,常常會帶我們走出這些舊有的保護行為。我們學會其他(或許更有效)的方式,來應對人生中的種種苦難。我們會作一些補償性的夢,這些夢提醒我們內在的停滯之處,也就是糾纏著我們的舊日陰影幽魂。我們有時會自然產生精神病理學反應,用來抗議我們自己的防護機制,並且支持我們擺脫那些很久以前形成的故事,改以其他的方式來運作。有些時候,我們必須鼓起勇氣去面對人生的挑戰,並調整我們的信念與意志,轉向某個比我們過去經歷更

宏大、更有意義的目標。在那樣的時刻，我們會在內心找到某種支持我們的力量。

榮格引用一個樸實的比喻，我們每個人都穿著一雙尺寸過小的鞋子走路。也就是說，我們總是以充滿無力感、恐懼與渴望得到認同的小碎步，行走在人生之中。我有一位個案是因為酒駕被法官轉介過來的，她說自己一直不懂「更高力量」（higher power）的意思，直到她在一次戒酒無名會的聚會中意識到，對她來說，她的更高力量是一瓶酒。她知道，人生不該受到酒精侷限。在那一刻，她開始長大，成為一個為自己人生負責的成熟大人。

情結就是我們的內心能量叢集，潛伏在我們每個人的內在，遭到觸發之後，依據其反射性的指令運作。我們都有情結，因為我們都有生命歷史，生命安排我們承擔一些重大的經歷，我們必須面對它們。遺憾的是，情結沒有想像力，只能不斷的重複陳舊、乏味、簡化的訊息：逃、躲、討好或其他行為。但我們的夢境、精神病

理學反應與進化的衝動，都來自一股更大、更有想像力的能量，也就是自性，人格中更高層級的核心。在我們一生當中，保護的需求以及成長和表達的需求，這兩個力場會不斷的產生衝突。

這些適應性的防護，會縮減我們表達能力的範圍。因此，我們在無意之中成為自己最大的敵人。正如榮格所說的，我們最大的陰影問題並非我們是邪惡的，而是我們往往過著限縮靈魂深度與廣度的人生。還記得本章稍早提到的「女巫」例子嗎？女巫要求作夢者做三件事：與一個肥胖男子做愛、去大學進行一場公開演講，以及與女巫的代理者（照顧年幼作夢者的阿姨）共進充滿壓力的晚餐，這三件事都是為了滿足自性想像出的更寬廣的人生，而不是作夢者的童年經驗造成的創傷。

超越受困的情結

在我看來，佛洛伊德往往太過樂觀，認為只要找出創傷的源頭與伴隨而來的行為模式，就足以釋放被阻滯

的欲力（libido，或譯力比多），使得生命繼續前行。事實上，情結的力量過於強大，我們可能終生淪為奴隸。榮格曾說，我們無法解決阻滯的困境，但我們可以超越它，這個說法比較接近事實。

就像伊克西翁被綁在不斷旋轉的火輪上，我們的情結會迫使我們不斷重複（repetition compulsion）強迫的行為，導致這個模式不斷被強化。我們可能以為，藉由一次又一次的體驗這些情結與其約束力量，來超越它們，但更可能發生的情況是，每一次重複都讓我們更牢固的被束縛在那個命運之輪上。

我在多年前曾與大屠殺遇難者紀念館的前任館長聊天，從他口中得知，從集中營釋放的倖存者當中，有很高比例的人在幾年內死去。我們當然可以假設，其中一個原因是他們的免疫系統遭到破壞，但我和同事也認為，那些人所目睹的事情是一種靈魂的謀殺，難以復原。正如約伯所經歷的，當一個人的生命經驗粉碎其對自我和世界的理解框架，我們對人生的堅持會變得脆弱

和岌岌可危。我們必須相信某些事情，但假如那些事情只剩全然的黑暗，我們靈魂的主權就會面臨險境。

矛盾的是，我們的傷口與創傷可能喚起我們的意識，使我們對於經驗中的醫源性特點（iatrogenic character）格外敏感，或高度聚焦在這些事。因此，受過傷的治療者通常特別擅長同理他人的痛苦，不過，揭開自己的傷口去面對另一人的傷口，卻是有風險的，可能產生過大的壓力與自我麻痺性的因應方式。在這種時候，我們必須問一個可以解救自己的問題：我從事這個與人共同經歷創傷的治療工作，是否就像伊克西翁被綁在那重複循環的火輪上，或者這真的是我從創傷經驗得到的召喚嗎？如果無法明辨這兩種源頭的差別，我們可能無法區別志業與賣命工作的差別，或是分辨選擇自由與不可改變的硬性決定論（譯注：「醫源性」意指由治療者或醫療過程所引起的創傷經驗）。

正如榮格所說，創傷的背後往往潛藏著一個人的天賦，因為我們會變得格外敏感，特別適應某些任務或工

作,但從外在看起來,我們無法分辨哪個力量更強大:究竟是召喚或強迫行為?我們若要重新掌控自己的人生,從反應轉為創造,就先要面對自己的恐懼。那些令孩童覺得難以承受的痛苦,對成年人來說依然是難題,雖然後者擁有孩童欠缺的力量、選擇、選項與韌性。當我們面對恐懼時,採取對抗恐懼(counter-phobic)的行動非常重要,只要我們不將恐懼本身解讀的太過可怕就好。每一年,總有人因為從事危險行為而死亡,他們這麼做單純是因為受到恐懼的驅動,並以為靠近火能使他們得到自由。但有時候,靠近火只意味著你會被燒傷。

然而,即使我們因為創傷與其後遺症而受傷,仍然需要找到勇氣、意志與毅力來面對人生。

修復心靈的方法

我在其他文章提到,我每天會對自己說的座右銘是:「閉嘴、整裝、現身!」第一個告誡是提醒我,比起那些重病、流落街頭或失去庇護的人所承受的痛苦,日

常生活中的問題顯得微不足道。「閉嘴」(shut up)提醒我不要抱怨。「整裝」(suit up)代表做好準備，做必要的功課，不要期待有捷徑可以走。「現身」(show up)意味著我們必須在面對挑戰時竭盡全力。人終有一死，所以最好在這段人生旅程中，盡力真正的活著。雖然人生總有創傷，但它有時候也可以很美好。我們必須確保自己竭盡全力活過此生。

修復心靈的要點如下：

◆ 記住，我們不是那些發生在我們身上的事。我們是我們渴望成為的那個人，以及那個希望透過我們站上人生舞台的那個人。

◆ 我們需要把副現象故事（epiphenomenal story）帶到意識層次，使其對我們的支配力量有機會受到質疑。

◆ 我們必須明白，我們的「故事」是虛構的，是為了理解經驗而建構的。那個理解通常是簡化的，不僅否定了我們的韌性，還將我們與令我們失去能力的

歷史綁在一起。

◆ 我們需要詢問我們的「故事」，它們希望我們去做什麼，或阻止我們做什麼？釐清這件事是拿回人生主導權的一大步。這個故事通常是無形的，但我們的行為是可見的，是意識可以注意、挑戰與超越的。

◆ 我們需要明白，那些反射性行為與故事只是副現象，而且不是靈魂的工作。我們每個人的內在有某種更廣闊的東西，它要求我們承擔責任。當我們踏入生命所要求的更重要角色時，我們的內在力量會支持我們。里爾克曾在寫給一位年輕詩人的信中提醒我們，我們是生命中最契合我們本質的存在形式。生命不是遙遠陌生的事物。我們是生命的儲存庫與承載體。

◆ 我們需要記住，不是所有的傷口都能被治癒，公義不一定會實現，以及療癒的工作可能需要一生的時間。這代表我們必須學會與未解決的事情共存，接受迴盪在碎裂骨頭裡的不公義，同時接受「我們希

望擁有的人生」與「我們能達到的人生」之間往往有巨大的落差。因此我們必須接受失落，並珍惜我們能從失落中努力得到的一切。我們必須接受失望，在逆境中仍懂得感恩。我們必須接受無法實現的渴望，並且感謝這些渴望如何幫助我們更加完整投入生命與其掙扎之中。

詹姆斯・喬伊斯（James Joyce）在《一個青年藝術家的畫像》（*A Portrait of the Artist as a Young Man*）提到，歷史是個惡夢，他很想從這場惡夢醒過來。從創傷得到療癒指的是從那個破碎的經驗覺醒，並且意識到，此生的今日還有夠多的任務等待著我們（明日還有更多的任務來到），它們將耗盡我們的能量，而生命會繼續要求我們閉嘴、整裝、現身，以及竭盡全力面對每天遇到的事。簡單來說就是，「面對這些超出我掌控的事情時，我該如何過這一生？」這個提問可以將我們從受害者心態，轉向積極管理自己的人生。

創傷就和呼吸一樣不可避免，但人類這種生物經歷數千年的演化，擁有求生存與蓬勃發展的本能。我們不應陷入創傷編寫的故事裡，而是要遵從生命希望透過我們體現的更廣闊的故事。當我們投入那個更宏大的故事，創傷就能得到最大程度的療癒，這個故事遠遠超越了使我們心靈破碎不安的創傷經驗。我們不是那些曾發生在我們身上的事，我們是回應各種召喚方式的總和，我們從過去幽靈般的陰影大地走出來，活出新的生命。

　　最終，我們無法解決生命的難題，而是生命逐漸解開我們的限制和困境。生命的問題與生命的殘酷，超出我們能掌控的範圍，但總是有召喚在等待著我們，去盡己所能。正如貝克特筆下的角色所說，「嘗試過，失敗過，沒關係。再試一次，再失敗，再進步一些。」[3]

9
行善的力量
了解和處理邪惡

無論我往哪逃去，都是地獄；

我就是地獄

　　——約翰・密爾頓（John Milton）

我們先從一個恆久長存的問題開始：邪惡是真實存在，或是「心理問題」，還是兩者皆是？我想起某家精神科醫院的一位患者，她每天早上會要求醫院束縛住她，用床單將她綁在床上一整天。大多數人聽到失去自由或行動能力，會強烈反感，但對這位患者來說，一整天不需要做任何選擇，不需要參與自己的人生，反而讓她感到安心。

我問她原因，她告訴我一個不可置信的故事，她母親在她小時候會虐待她，包括將一根點燃的火柴塞進她的指甲裡。當時我懷疑這樣的故事只是她精神病性幻想的一部分，但是當我細讀她的個人檔案後（病歷足足有八公分厚），我發現她說的故事（有些是更可怕的故事）全都是事實。在我看來，有人會用這種方式虐待一個孩子，是全然的邪惡，雖然我沒忘記，她母親的心靈肯定非常扭曲，才會以這樣的方式對待自己的孩子。在我曾居住過的另一個城市，有另一位母親在基要主義派的羞辱與恐懼氛圍之下，將她的五個孩子溺死在浴缸裡，為

了要保護他們不被「魔鬼」抓走。

人類和神祇的本質

我們每個人都具有如此黑暗的能力嗎？它是如何形成的？邪惡的神祇、錯亂的化學反應、病態的教養方式，或是以上皆是？亞伯特・卡繆（Albert Camus）在散文集《抵抗、反叛與死亡》（*Resistance, Rebellion, and Death*）寫道：

> 我們正在面對邪惡。對我來說，我的感覺像是奧古斯丁成為基督徒之前所說的：「我試圖尋找邪惡的源頭，但徒勞無功。」但我（和另外一些人）也知道，什麼是我必須做的事，如果無法削弱邪惡，至少不要再為邪惡增添力量。或許我們無法讓這個世界成為一個孩子不會遭虐待的世界，但我們可以減少受虐兒童的數量。

無論自然界的本質或是古代眾神的本質是什麼，有一點很清楚：「邪惡」是人類的問題，不是祂（它）們的事。美國作家約翰·史坦貝克（John Steinbeck）的《憤怒的葡萄》(The Grapes of Wrath)有一個角色說，「沒有所謂的罪，也沒有所謂的品德，只有人做的事罷了。」①

　　古希臘哲學家色諾芬尼（Xenophanes）提醒我們，假如馬和獅子能畫圖，牠們畫出的神祇形象也會是馬和獅子。我們將會在本書最後一章討論神的形象，也就是指人心中構築出來對神的想像，反而是造成混亂災禍的原因。我們對神的想像，多半是公義、慈悲與公平，儘管這與我們的生活經驗截然不同。我們經常會區分自然界的邪惡與道德的邪惡，前者屬於自然界的本質，例如龍捲風或轉移的癌細胞。後者則源於我們的選擇，出於我們受到情結驅動的自我，以及累積在個人與群體生活的種種驅力。

　　1755 年，在葡萄牙里斯本舉行的萬靈節（All Soul's Day），慶祝高潮的時刻突然發生一場大地震，許多建築

物倒塌，大約有六萬人在進行敬拜儀式的場所喪生。我們要如何理解這個事件？多數人認為，這個災難顯然是上帝對於道德淪喪之人的審判。然而，當我們考量到，有許多孩童和其他倒楣的人被埋在倒塌的房屋底下，這個解釋顯得有點牽強。

對有神論者來說，邪惡的問題是最尖銳的，他們試圖把善、惡與道德屬性全部納入神的形象，但這對多神論者比較不是問題。這世界存在分歧，也存在善與惡，沒什麼大不了的。各種神祇（也就是擬人化的宇宙能量）只是各行其道，所有的矛盾只存在人類混亂的頭腦中。二元論的傳統觀念認為在歷史上有善與惡兩種力量相互競爭，並期待最終善能勝過惡。

多數美國開國元勳是自然神論者，他們認為有一位創造宇宙的神，祂讓這個奇妙精密的機器，靠著裡面的齒輪和彈簧動起來，但現在這位創造者讓整個機器依照自己的機制運作。他們強調，要靠科學與教育來分辨那些相互對抗力量的本質，並且盡可能與之和平共處。對

無神論者或不可知論者來說，認為沒有足夠證據使其確立信仰立場，所以這件事是無解的，而我們的爭論反映出來的其實是我們自己，而不是關於神祇的真相。

東方的代表性宗教是印度教和佛教，它們以不同的方式解釋邪惡。印度教主張，自然界與我們體內有多個神性力量彼此交鋒，這樣的競爭會在人類歷史中持續進行下去。我們有責任面對隨時間積累的後果，並竭盡全力減輕這些後果對下一次輪迴的影響。對佛教徒來說，邪惡是個假象，自我需要放棄其自以為主宰的地位，盡可能過著簡樸和有覺知的生活，與自然界和諧相處，同時不期待自我能解決一切，或是期待世間難題會有解決方法。信徒需要放下控制的幻想，轉而接受與臣服。

對西方的三大宗教（猶太教、基督教和伊斯蘭教）而言，其本質矛盾在於神的形象是正直、全知（知道所有一切真正發生的事）、無所不能（在有必要時能夠改變任何事）、慈愛、富有同情心和參與世事，但多數人經歷的人生充滿了心碎和無解的困惑。

人類創造神祇來反映自己的真實狀態

我們遇到危機時，都曾試著跟宇宙談條件，為了從當下的痛苦中獲得緩解，我們提出以更好的表現來交換，這種條件交換通常沒有什麼效果，我們在下一次遇到類似情況時，腦中的反射機制會再次啟動這樣的交易心理。你或許聽過以下這個故事：一位祖母買了一頂棒球帽給孫子，然後帶他去海邊玩，這是孫子第一次看海。他在海裡玩，離岸邊愈來愈遠，被一陣浪捲走了。祖母驚慌失措，仰望天空並向上帝承諾，假如孫子可以平安回來，她願意捐出所有財產做善事。幾分鐘後，孫子被海水沖回岸邊，雖然嗆到，但保住了一條命。這位祖母仰望天空，揮舞著拳頭說，「他頭上那頂新帽子呢？」

不到三千年前，一位不知名的猶太作者批判了這種和宇宙交易的觀念，打破了我們自以為與宇宙之間有一份契約的概念。約伯是個虔誠的人，嚴格遵守律法，行為合宜，期待上帝會如他想像的像個紳士，給予他應

有的回報。但是當他失去了家人、財富、產業和健康之後,這樣的期待遭到推翻。最後,約伯意識到他有自己未察覺到的傲慢,並承認自己的自我膨脹。事實上,他已從由人類虛構的宇宙幻想,轉向對宇宙無窮神祕的真實宗教體驗。

榮格曾在一封信中寫道,「上帝是個奧祕,我們所說的關於祂的一切,都是出於人類的想法。我們創造形象與概念,當我談論上帝時,我指的是人類為祂創造的形象。但沒有人知道上帝是什麼樣子,否則他就是上帝本身了。」[2] 換句話說,創造神學的是人,不是神,這些建構出來的概念反映的其實是人自身的狀態,而非關於廣闊虛空中那難以言明的奧祕。

榮格注意到,這個問題的歷史正是神的形象逐漸「人性化」的軌跡。從忌邪的神（讓人不禁想問:神會嫉妒誰呢?）;部落的神（只偏袒自己人,不愛外人）;報復的神（但祂仇視的人恰好也是我們仇視的人）;不談道德的神;最後甚至是無意識的神。如此的演變並不

是那個我們稱之為上帝的奧祕，而是關於人類朝著那個方向演進的形象。

因此我們發現，神學與它的多樣性通常透露更多關於創造那些形象的人類的事，而不是關於奧祕本身。我們陷入自己建構的概念太深，以致當它們受到任何挑戰，並引發我們的不安時，我們甚至願意拼死捍衛。

「惡者」已消失了，但作惡之人還在。

最令人畏懼的，莫過於「深信自己是對的、自認道德水準比別人優越，並且握有權力手段」之人。很多年前讀完令人髮指的《女巫之鎚》（ *The Hammer of Witches* ）後，我在憤怒之下寫了一首詩。《女巫之鎚》是一本指南，用來幫助宗教權威人士識別、審問與根除在他們社群裡的女巫。他們基於虔誠所犯下的殘酷惡行，至今依

然令人髮指。諷刺的是,他們把那些自己拒絕承認的陰影,投射在可憐的女性身上,這無法呈現她們的真實樣貌,卻透露許多加害者的內在狀態。

我們在過去數百年間所看到的是道德之惡的起源,逐漸從難以理解的神秘,轉向人類的內心與靈魂。當歌德(Goethe)筆下的浮士德(Faust)遇見梅菲斯特(Mephistopheles)時,他以為自己遇見了撒旦,但梅菲斯特告訴他,「惡者」(The Evil One)的概念如今已經被人類犯下惡行的能力所取代。梅菲斯特宣告,「惡者」已消失了,但作惡之人還在。邪惡已經大眾化,而且存在於現代人的靈魂中。

杜思妥也夫斯基在《地下室手記》(*Notes from Underground*)中第一次描繪反英雄人物,這個人物坦承的自戀非常令人不安,因為他的描述對我們來說是如此熟悉。約瑟夫・康拉德(Joseph Conrad)在《黑暗之心》(*Heart of Darkness*)中,揭開了「文明的發展」中隱藏的陰影議題,假裝要為未開發國家帶來進步,實質上是以合理化

偽裝的土地與資源掠奪。

卡繆在小說《墮落》(The Fall)探討這種自我疏離。我們可以在書中發現，最靠近我們的自利性邪惡，就在我們的心中。雖然我們聲稱，希望回到過去，做出其他的人生選擇，但其實我們暗自慶幸自己不需那麼做，因為我們仍會為了滿足同樣的自利性情結，而再次做出相同的選擇。

《女巫之鎚》(1486)

它提供了一些關於女巫的觀察：

調查對象的私處被剔毛

免得有黑暗的詭計藏在那裡；

嫌犯會一再的被折磨

直到她哀號呼求上帝，或是其他的神祇，

然後單獨被帶到那個可怕的房間訊問，

唯恐她突如其來的歌聲聽起來彆扭

調查對象可能被要求抓住被燒紅的鐵

從一數到六──在那短短的時間內

把完整的福音書背起來。

最重要的是,因為她是她,

她被證明善於想出敗德的計畫:

殺死腹中的胎兒,

在交媾時偷走男性的生殖器,

使牲口變為畸形,使天上降下冰雹。

她的罪行因為她的脆弱顯得格外嚴重。

如此看來,她應該被懲罰,

因為她缺乏那些揮舞錘子的人

所擁有的更高貴、更堅定的東西。

人類同時擁有行善和作惡的能力

　　阿契博得‧麥克列許(Archibald MacLeish)以自由詩體寫成的劇本《J.B.》是現代版約伯的故事,有三個朋友來安慰他,其中一人是高談闊論的基本教義派,用罪與救贖的古老觀念教訓約伯;另一人是佛洛伊德分析師,

他認定罪惡來自錯誤的教養方式;最後一人是馬克斯主義者,將一切視為爭奪更大利益的階級鬥爭。

同樣的,在漢娜・鄂蘭(Hannah Arendt)那本發人深省的書《平凡的邪惡》(*Eichmann in Jerusalem*)之中,創造了「平凡的邪惡」(the banality of evil)一詞。鄂蘭出席旁聽某個納粹執行官員的審判,有點期待看到魔鬼的尾巴從他的外套底下露出來,結果她看到一個戴著眼鏡的禿頭男子,他的辯詞是,他只是一個卑微的公務員,最大罪行是讓火車準時發車,至於決定讓那些火車載人去送死的,則是比他職位更高的人該關心的事。因此,「平凡」指的不是邪惡的規模,而是像你我一樣的平凡人,日復一日執行任務,使邪惡的制度得以繼續運作。

我們現在知道納粹德國是如何崛起的,它不是獨一無二的一次性事件,而是即使穩定的社會也可能發生的事,當社會困境削弱了自我的管理感(ego's sense of management),引發憂鬱與高度焦慮,就可能讓這種事情發生。這種痛苦的現實有可能(而且通常會)導致人們

將因果關係歸咎於他人,才能讓自己逃離來自內在的更高意識的召喚。

2002 年,榮恩・羅森巴姆(Ron Rosenbaum)在《大西洋月刊》(*The Atlantic*)發表的一篇文章「邪惡的程度」(Degrees of Evil),將希特勒與親信嘲笑毒氣室的「謠言」的「無動機惡意」,與賓拉登(Osama bin Laden)和共犯欣喜慶幸飛機油量充足,足以摧毀曼哈頓雙塔的快感相提並論。羅森巴姆認為,雖然這兩種樂在其中的惡意相隔數十年,卻有象徵上的一致性,並非是指兩個駭人怪物的相似性,而是指從事可怕行為時的普通人。

如果榮格對邪惡有任何立場,那麼他的立場是,當外界有過多的道德壓力,邪惡會轉入人的內心,透過無意識來運作。榮格對「陰影」的定義是,人類整體與其行善和作惡的能力,都承載於我們每個人的內在,如同我們繼承了祖先的血統。

正如羅馬劇作家特倫斯在二千多年前說的,「人所

固有的，我都具有。」因此，無論我的意識生活是多麼充滿善意，我都不應該認為我與邪惡絕緣。我們永遠不能推定自己不是共謀，一部分的原因是，我們無法真正看見自己的選擇所造成的後果。陰影的無所不在，以及它帶給我們每一個人的道德挑戰，使我們會努力壓抑它，在多數時候讓它留在無意識狀態。其次，我們會發現，自己傾向於將問題歸咎於他人，而非承擔責任。第三，因為陰影蘊含豐沛的生命能量，它有時會浮現和控制我們，而我們也樂在其中（類似「發生在賭城的事，就讓它留在賭城吧」的心態）。或者我們可能偶爾會承認自己內在的那些部分，讓世界可以稍微不用承擔那麼多我們否認的意圖。

如果我們對自身一直擁有作惡能力而感到沮喪，那麼我們也應該為自己行善的能力而感動，並且付諸行動。說到底，善與惡是人類所創造的分類概念，或許神祇與／或自然界對這兩種對立毫無興趣，但我們人類卻非常在意。

十九世紀的詩人珀西・比希・雪萊（Percy Bysshe Shelley）在散文〈為詩歌辯護〉（A Defence of Poetry）中總結，善的最主要道德主體（moral agency）是想像力。那些有自戀與／或反社會人格障礙的人，想像力遭到削弱，只能在人格障礙的中心，不斷的重複單調乏味的核心情結的循環。正如我們先前所說，情結沒有想像力。幸好，大多數的人還保有想像的能力，並因此能感受他人的痛苦。這個能力能產生了憐憫心（passio）、同理心與同情心（pathos），passio 與 pathos 分別是拉丁文和希臘文的痛苦之意。人格障礙導致的想像力削弱，或是普遍存在的情結，只能追求有限的自利性意圖。一位深思熟慮且敏感的人擁有更廣闊的想像力，而這想像力能向外擴展，擁抱這個世界與世上的苦難，正如「世界的悲傷」（Weltschmerz）這個字的意思。

了解什麼是邪惡，是人類大腦的任務。處理邪惡則是人類內心的召喚。我們大多數人跟隨著人類歷史的善惡交替線而行。很顯然，善與惡不屬於神界或自然界的

分類,而是我們每日生活的場域,靈魂的陀螺在日常中不斷尋求平衡,並遵循能引領我們進入或離開陰影之谷的原則。

10
與靈魂相會

尋找原始的連結

我一直為我那該死的靈魂擔憂——或許我擔心太多了。但你的手拿著一捆每天不斷累積的黑暗。當死亡終於來臨,你立刻說,「嘿,兄弟,很高興見到你!」
　　——查爾斯・布考斯基(Charles Bukowski)

我們環顧四周,看看令人哀傷的現況:人類破壞與自然界的契約、政黨鬥爭與仇恨橫行,而自我疏離則造成人與人之間的隔閡。當我研究二戰後美國人的宗教信仰情況,只有兩種蓄意的宗教行為有所增長,而所有主流機構的規模和影響力都在衰退。

　　其中一個宗教會喚起信眾內心的負面父母情結,使信徒感到恐懼、順從、易於管理,以及喪失思考能力。另一個蓬勃發展的宗教承諾信徒,假如他們的行為符合上帝旨意,就會得到健康、財富和幸福。前者採取恫嚇的手段,後者則是引誘的手段,兩者皆是缺乏反思的方法,操弄恐懼與不確定性,掌控難解的宇宙奧秘,最終目的是聚集財富。長遠來說,兩者都辜負其信徒。

誠實面對靈魂的陰影

　　相較之下,布考斯基試著透過寫作找回自己的靈魂,我們可以從他破碎的詩作中看到更誠實的宗教。他在詩作〈值得追憶的微笑〉(A Smile to Remember)提到,

母親曾告訴他,「如果可以的話,快快樂樂的比較好╱但我父親還是每個禮拜揍我和她好幾次╱憤怒在他那190公分高的身體裡流竄,因為他無法╱理解從內部襲擊他的到底是什麼。」

有哪個心理學家或榮格分析師,能提出比這首詩更好的病因診斷?

在布考斯基的苦難人生中,有一件事始終存在:寫作。他憑著直覺知曉,寫作是他用來面對人生所有痛苦和自我折磨時,最親密、最有效的方式,而那些苦痛形塑了他外在的人生。對他來說,沒有任何美學的昇華,也沒有里爾克式或葉慈式的巧妙技巧。他跳進人生的混亂,帶著新的傷口浮出水面,以及懷著一種奇特的光榮感,因為他說出了自己的真相,即使那些真相看起來是多麼廉價與丟臉。

威廉・卡洛斯・威廉斯(William Carlos Williams)曾在紐澤西帕特森寫道,走在陰溝的人比身穿隆重儀式袍

的神職人員更有尊嚴。比起參加宗教儀式後的信徒，沾沾自喜以為掌握了奧祕，彷彿與宇宙的力量暗中締結了某種交易，布考斯基這樣的詩人與沉迷於信仰的教徒相比，更具靈性的正直和深度。

正如艾略特（T. S. Eliot）提到另一位遭詛咒的詩人查爾斯‧波特萊爾（Charles Baudelaire）時所說，波特萊爾「配得上」天譴，這是降臨在誠實面對自身悲慘處境之人的靈性試煉，給予其忠於真實的勳章，這是那些舒適安逸者無法擁有的。正如艾略特說的，我們的「榮耀」能夠體現於承受天譴，就如同我們可以得到救贖一樣。或正如一位深思熟慮的神職人員曾對我說，「我的工作是安慰痛苦之人，讓安逸之人察覺到不安。」

召喚玫瑰

一個多世紀以前，榮格在《轉化的象徵》（*Symbols of Transformation*）中區分兩種思考方式：線性（linear）思考與聯想（associational）思考。[1] 前者導向邏輯、順

序、結論,後者則導向任何一個方向,包括瘋狂。我在蘇黎世受訓的時候,某個雨天時在路邊等電車。一群身穿黃色雨衣的孩子從附近學校走出來,列隊沿著賀德林街(Holderlinstrasse)走著,這個景象就如同埃茲拉・龐德(Ezra Pound)的著名詩作中,那潮濕黑色樹枝上的黃色花瓣。他們甜美的歌聲,在這條以一位發狂詩人命名的街道上,顯得既突兀又和諧。我當下甚至覺得這是值得記住的一幕。人生際遇(或是說糟糕的化學作用)擊垮了賀德林(Friedrich Hölderlin),但這些孩子則在人生遭到擺布之前唱著歌。

在我的記憶中,我將那個景象當作瘋狂與美麗之間的橋梁。同樣的,當我處於人生黑暗時刻,坐在榮格學院(C. G. Jung-Institut)旁的船屋中思念家人時,巧克力香氣從對岸瑞士蓮(Lindt)巧克力工廠飄過了狹窄的蘇黎世湖。在那個幽暗的時刻,香甜的黑色巧克力粉成了靈丹妙藥與興奮劑,連結起那個時刻的矛盾感受。在榮格的著作中,他和神學家保羅・田立克(Paul Tillich)[2]與哲學

家菲利普・惠爾萊特（Philip Wheelwright）都觀察到，③象徵如何透過尊重對立雙方的訴求，連結起彼此衝突的事物。

當羅伯特・伯恩斯（Robert Burns）寫道，愛人就像豔紅的玫瑰，我們不會認為他愛上了一株植物，我們會知道他運用玫瑰花的意象作為修辭手法。雖然摯愛之人的神聖敬畏（numinous）力量難以理解和定義，但我們能透過理解玫瑰之美，來接近難以言喻的事物。

假如伯恩斯真的愛上了植物，他所寫出來的就只是一堆符號的拼湊，只會是關於可理解的植物圖像，但他的目標屬於更高的層次，他想將我們帶往神祕難解的領域。他並不是說，她是一朵玫瑰，而是說，她就像一朵玫瑰。這種暗示讓我們接近神祕性，但只能指出方向；這種親密感能發揮作用，全因其超出了一般的定義。即使在我們這個時代，玫瑰的意象已顯得老套，仍然提供一條通往根本奧秘的橋梁。

體驗神秘性

前文提到的兩種宗教行為,都希望消除神祕性,以滿足自我面對模稜兩可所產生的不確定性與焦慮。一般來說,自我的主要意圖是保護它所依存的有機體,設法使其適應和生存。雖然我們可以理解那意圖是有必要的,但它通常會巧妙應對、否認或操弄事物難以捉摸的神祕性。

當我們接觸到神聖敬畏(直接經歷神祕性),那是一種無法言喻、沒有具體形象的經驗。那就是現象本身,副現象則是後續的過程,意識將那場深刻感受的經歷中所浮現的意象,以濃縮包裝的方式呈現出來。舉例來說,人們或許會說,宙斯(Zeus)的詞源是「發亮」或「發光」。於是我們可能會說,「哦,這是太陽神!這可以理解⋯⋯畢竟萬物的生命都需要倚靠天上那個永遠存在的氣態火球,才能活下去。」現在,我們擁有一個自我能接受、反對或暫時保留的概念,但與連結神祕性的互補對立體(syzygetic)卻也逐漸消失。如同希臘神話中的奧菲

斯（Orpheus）回頭看尤麗狄絲（Eurydice）時，尤麗狄絲就消失了，在日正當中時，神聖敬畏也悄然溜走了。

但別忘了，宙斯並非是太陽神本身。「宙斯」體現的是「發亮」或「發光」的美好，換句話說，以令人感動的方式充滿了光。這種充滿光的感覺是一種宗教體驗：令人感動、無法言喻、具有轉化性。接下來，組織者（systematizers）出現，他們出於善意創造了神話、神學與制度，來保護與傳遞原始經歷的神聖敬畏。不過，遺憾的是，這種神聖敬畏會逐漸衰減並消失，只留下概念與儀式來防禦「非信徒」。

一旦宗教產生分裂，忠實信徒之間會彼此爭奪「真正的」忠實信徒的頭銜。當忠實信徒也發生衝突之後，我們可以預期在村子中央會有各種處刑工具，用來對付異端份子。

這種將神聖敬畏的原始力量轉移成為概念、儀式或教條形象，導致了最古老的宗教罪行之一：偶像崇拜。

人們崇拜偶像，也就是自我意識的產物，使人們離神祕性愈來愈遠。原始偶像幾乎無可避免走向這樣的命運，使我們得出令人不安的結論：人們有時候必須摧毀自己的形象，以免它轉移成為某種我們過於熟悉且缺乏能量的東西。挑戰偶像崇拜則是出於宗教熱忱與尊崇，因此我引用的是波特萊爾與布考斯基的詩，而不是像艾略特這種具有明顯宗教色彩的詩人。或是如同一個有爭議性的文學創作建議所說，即使是最優秀的作家，有時候也必須「捨棄最愛」（kill one's darlings）。

由神聖敬畏產生的意象會吸引自我意識，這是很自然的事，因為神祕性本身被隱藏在無形的領域之中。如同宗教的傳統任務是追蹤無形世界的動態，當它進入並形塑現實世界的外在象徵與形式時，就像是現代心理分析師的任務。然而，這種意象連結人與神聖敬畏的能力會隨著時間而衰減，尤其是經過不斷的重複之後。這種連結效果的衰退會導致後世的人將注意力集中在形象本身，而不是形象原本所指的對象。這將無可避免會導致

偶像崇拜。我們愈是將形象制度化,就愈遠離那最初賦予力量的源頭。

想像一下,如果有宙斯州立大學、宙斯 T 恤、宙斯馬克杯、宙斯教義問題。這些現象當中,有些源自誠實的慾望,希望重現最初受到神祕性壟罩的感受,而有些現象則源自另一種同樣誠實的動機,想賺錢,無論是美金或古希臘銀幣。

古老能量引發的現代病症

1977 年,我坐在蘇黎世的某個教室裡,第一次聽到老師談到榮格提出的那個問題,「當眾神離開奧林帕斯山(Olympus)之後,祂們去了哪裡?」④ 多麼驚人的問題!有誰敢(或有興趣)在二十世紀提出這個問題?當然,榮格的回答也同樣具有啟發性。眾神離開奧林帕斯山,進入了現代人的內在。因此我們可以在身體的發熱、腹部的焦慮、內心的衝突等處找到古代的神祇。

這些曾經以神祇為暫時形象的古老能量，至今仍未消失，持續進行那些古老的戰役。如今，我們將這些內在的焦躁和衝突稱為情結、精神官能症、身心症、人格障礙等。過往曾經屬於神祇的領域，如今成為引起紛爭之處，由多種精神官能症混合而成。當那些原始能量遭到忽視、以藥物壓抑或投射出時，就會成為疾病，並形成破碎的心靈景觀，由藥理學與心理治療來修補。

一旦原始連結遭到切斷或削弱，就會引發大騷動，所有鬼魔現身，包括成癮行為、透過任何手段追求亢奮狀態、吸引人的意識型態、內心衝突投射與轉移到其他人身上，戰爭會持續下去。千萬別問任何人他們潛意識中的東西，或他們最害怕的是什麼。他們不會感謝你的提示，反而開始認為你才是他們問題的源頭。

那段關於眾神的文字所蘊含的啟發力量如此豐富，以至於我決定將它作為我在榮格學院的論文題目，後來更寫成同名著作《追蹤眾神》(*Tracking the Gods*)。這本書應該是我最重要的著作，卻也是最少人讀過的一本，因為

「神話」完全無法引起現代讀者的注意，畢竟現在還有誰對神祇感興趣呢？但我從未忘記那段文字，以及它為我的靈魂所帶來的使命，雖然我所在的這片土地和文化，距離宙斯初次從山巒升起、照亮不斷翻騰的愛琴海的時空是如此遙遠。

我們的祖先感受到了神聖敬畏的衰退，於是他們大幅提高了賭注。他們不只獻上磨碎的玉米粉和美酒來安撫害羞的眾神，還獻上玉米少女本人，她的心臟才剛從焦慮的胸膛中取出，她破碎的身體成為祭品，莊嚴的儀式與祭壇前滿懷渴望的朝聖者的烘托之下，使之成為神聖之物。博學的法國歷史學家、文學批評家暨哲學家勒內‧基拉爾（René Girard）提到，暴力的儀式化可以平息內心的暴力，這種安撫會維持一段時間，或許直到下一次的獻祭。無可避免的，急切與好奇的心會讓獻祭手段不斷升級，於是走向狂熱與極端信仰。

現代性的精神或許始於西方的莎士比亞與我們的兄弟哈姆雷特，其為最早敏銳意識到自身內在分裂就是

混亂根源的現代人。當現代性的精神開始拉扯編織起文化結構的鬆散線頭，隨著時間過去，原本固定的線頭鬆脫，具有保護作用的外衣落在地上，並被踐踏。接著，人們赤裸的走進貝克特筆下的維拉迪米爾（Vladimir）與艾斯特岡（Estragon）所在之處，坐在荒地上，等待一個晚到了許久之人，他名為果陀。因此，我們空虛的時間大多被填滿，某個人哼唱「我們曾坐在巴比倫河畔，一追想錫安就哭了」，或是瘋狂的去購買某個東西（或任何東西）。

　　但是，那些等待之人的焦慮永遠不會止息。焦慮的心靈會用許多幻想填滿空白之處，每個幻想的根源來自心理投射的無形印記。我們並不是刻意要投射，但它會自動發生，或許由外在的事件觸發，也可能是內在的壓力催化。於是，我們的主觀思想與類別框架離開了我們，投射到外在世界的事物、觀念，甚至其他人的身上。當這股古老的能量耗盡，它就會退回去，眾神隨之消亡，神秘性再次潛入地下，甚至連愛也不存在。文化

研究者、神話學家與人類學家可以檢視那些投射所殘留的模式，回溯推理特定時代、地點或人的心靈羅夏克墨跡（Rorschach）（譯注：羅夏克墨跡測驗用墨漬圖檢測個案的知覺、智力和情緒狀態）。

信仰反映的是創造信仰之人

索倫・齊克果（Søren Kierkegaard）早已警告我們，凡是能被命名的神，都不是上帝。保羅・田立克（Paul Tillich）認為，那個神，是從剛消失的神背後顯現出來的神。我們若失去與那神聖敬畏的連結，就會陷入巨大危險之中，受制於最吵鬧刺耳的噪音，或是說出我們最想聽見話語的誘惑之聲。簡言之，我們的神學和制度無可避免的揭露更多關於我們的事，而非那遙不可及的眾神之事。

榮格在1912年出版的《轉化的象徵》中描述，我們的心靈如何自我調節運作，搜尋並選定某些意象，使其暫時成為通往神聖敬畏的連結。在一段時間內，那些意

象會成為象徵，也就是把欲力（譯注：libido 也直譯力比多，是一種心靈能量）從本能層面轉換到精神層面的轉化物。榮格曾多次提到，精神層面並不應視為高於本能層面，因為與本能隔絕造成我們大多數的心理疾病，也在我們的腦中產生短暫的幻念，並在各國之間造成致命的危害。

當我們受到某個原型意象的影響，會脫離時間和空間的限制，進入不朽的永恆地帶。但我們無法永遠停留在那裡，因為眾神會以祂們的方式向前，把我們的意象和制度掃進歷史的垃圾堆裡。當象徵正在發揮其神聖轉化的作用時，會讓人感受到一種強烈的神聖敬畏能量。當那股能量離開後，失去意義的空虛危機隨之而來，無論我們是否有意識的察覺到這件事。在那些黑暗且貧瘠的時刻，人們常常會傷害自己或別人。那些仍然存在的制度經常忘記其使命（透過儀式喚起人與神聖敬畏之間的體驗），並以自我延續、自我誇耀，以及嚴守教條來取而代之，只是為了維持制度本身的存在。

在這段時間，眾神並不是真的缺席，祂們只是身處他處，或許離開一、兩千年。那些被留下的人不再參與一齣神聖戲劇，而是穿越世俗之地，這裡充滿了誘惑人的甜言蜜語，卻鮮有可以餵養飢渴精神的東西。當充滿善意的制度與行為無法照亮神聖能量的臨在，並使它符合個人需求，這正是許多人感受到光熄滅的原因。僅僅保留曾經從原型經歷產生的意象，是不夠的；那些意象的任務是，透過個人體驗引導成長性的欲力，觸動人心且說服理智。

「宗教」（religion）一詞源自兩個拉丁文，一個是「綑綁約束」（religare），另一個是「審慎考慮」（religere）。前者是未明言的承認失去、疏遠與渴望重新連結。後者說明了受邀與超越的他者（transcendent Other）共餐的嚴肅性與重要性。神聖敬畏可能隨時離開，只留下空殼，時時提醒我們，人的靈魂是眾神過渡的場域，而非起因。我曾有一位個案，夢到神性如同穿透燈泡內發光的金屬絲材料，並使其發光的能量。但神聖敬畏是那個能量，

而不是燈泡。沒有人在能量離開之後，還會保留燈泡，但他們會保留祖先的神學與文化形式，試圖透過僵化儀式重燃光芒，但那些儀式只能模仿，無法真正發光。

向內探尋，耐心等待

我們在分析心理學延伸這一觀點，榮格學派有時會以其一貫令人費解的方式，把精神官能症稱作「被忽略的神祇」（a neglected god）。這個慣用語的意思是，那股曾經透過原型力量作為媒介的能量已離去，而人們試圖重建從一開始就不屬於其掌控範圍的東西，只是徒勞無功。正是在這個時刻，自我那脆弱的掌控力鬆動，並陷入意義的危機中，於是下定決心要重獲原始的體驗。當這個重建的企圖失敗（勢必如此），人就會產生精神官能症，與靈魂深層的感受性產生斷裂，轉換到症狀所主導的狂熱世界。認真對待症狀不代表要使用更多藥物，而是我們必須追溯這些線索，回溯到神祕性所在的深層世界，因為新的神祕性可能在那裡顯現。

由於不易察覺的深層世界錯置，以及我們靈魂的回應動作，使得像榮格這樣的沉思心靈必須「發明」深層心理學，來探索患者退縮到自己內在世界的靈魂。我們或許不再使用「眾神」這個詞來描述出現在不安夢境中情緒滿溢、充滿張力的意象，但我們必須再次見證來自個體深層世界的意象。群體並不會啟發個體，而是個體會與群體分享他與神聖敬畏相遇的經歷。

　　人生下半場最重要的任務是，在面對群體忠誠時，重新拿回個人主權，使個體的靈魂成為眾神重新跳起古老舞蹈的鍛造之地。

　　總之，我們現在知道，時間會阻礙我們重新獲得神聖敬畏的意象。一旦能量將自己展現出來後，就只留下一個空殼。崇拜那個空殼就是偶像崇拜，此舉或許能立刻滿足自我的需求，但會更加遠離神聖敬畏。失去與神聖敬畏連結所帶來的痛苦，使深層心理學成為必要的工具，去了解神聖敬畏的世界。榮格在《榮格自傳：回憶・夢・省思》寫道，

當我們建構的世界觀能適切的解釋人類存在於宇宙的意義,對神話敘述的需求就得到了滿足。這個世界觀來自我們的心靈完整性、來自意識與無意識的合作。無意義會阻礙生命的完整性,並因此等同於生病。意義使許多的事物(或許是每一件事)變得可以忍受。科學無法取代神話,而神話也不可能從科學創造出來。問題不在於「上帝」並非神話,神話是人類神聖生活的顯現。⑤

我們急切的心無法創造新的神話,但我們的靈魂肯定是神話最早現身的地方。這種召喚要我們向內心看、耐心等待,以及樂於乞求神祕性,正是我把放蕩的布考斯基當作「聖人般」典範的原因。他不了解自己的父親,也不了解暴力,但他出於直覺知道,父親無法「理解從內在攻擊他的是什麼」。因此,就連孩子都知道,父親正在受苦,並因此造成別人的痛苦,靈魂的不安無法靠暴力,或是令人眼睛為之一亮的物品,權力、財富或地位

來解決或醫治,而要靠安靜耐心的等待,等待來自內在的某個東西自行浮現。

對我們其餘的人來說,也是如此:等待、留意(這些動詞源自希臘文 therapeuein,有「給予療癒」的意思,我們現在使用的治療〔therapy〕一詞的由來)。敞開的心胸、樂於接受的精神、好奇的靈魂是眾神願意再次現身之處,在祂們以無人能理解的方式再次離開之前,停留一段時間。

眾神似乎不急著得到我們的理解,或是預告祂們的行程。祂們早已離開,前往下一個落腳點,我們只能沿著歷史的浪花飛沫,追尋祂們無法掌控的路徑。正因如此,祂們是「眾神」,而我們不是。

結語

探索內在，活出真正的自己

我還記得榮格的提醒：我們無法把人帶到我們沒去過的地方。我發現，我到現在依然對最單純的小事感到好奇與驚嘆，仍舊渴望持續探問表象之下所發生的事。正因為這樣的探究，生命從未喪失其啟發性，也從來不曾失去挑戰既有假設的能力，也就是那些之前曾支撐我們，但到今日已顯不足的假設。

身為一位伴侶、公民與心理分析師，我必須持續向自己提問，以免受限於我內在的古老敘事。親愛的讀者，你也必須這樣做，持續提問人生的重大問題。大哉問可以給你更廣闊的人生。大哉問可以讓你拿回靈魂的主權。雖

然適應有其必要，但它會模糊與削弱我們持續探求人生的需求。我們都需要平靜、滿足與安全，這是可以理解的，但是當這些需求主宰了我們的生活時，我們將與真正的內在生命脫節。

重新掌控人生

榮格最為人熟知的觀察是，我們大多數的問題，都來自於我們與本能分離的狀態。由於我們的人生旅程始於全然無助的狀態，並且依賴我們的照顧者，於是我們成為適應能力很強的生物。

隨著時間過去，日復一日的適應行為變成了反射性行為，甚至是自主行為，用來應對來自家庭和文化的挑戰。難怪我們愈長大，就愈對自己感到陌生。難怪我們會成為自己最可怕的敵人。我們甚至執著於那些已不再適用的行為模式，因為那些行為讓我們生存至今。有時候，自然成熟的過程允許我們超越童年的恐懼與伴隨恐懼而生的行為，但很多時候，那些行為會在我們內心

深處形成一種根深柢固，且在無形中主導我們行動的存在。往往要等到發生危機、失去能量，或是遇到一連串麻煩的後果，才能迫使我們停下來，認真審視面對，或許是接受心理治療，或許是選擇自行硬撐。

對我們每個人來說，時間之輪不斷的轉動，將我們一次又一次帶向同一個提問：當你面對你似乎無法掌控的處境時，你應該如何過日子？真正的挑戰來自於你要如何回應和面對。

我們才能夠明白，重拾生命的主導權為何會成為人生下半場的重要的任務。從那些呼喊著要你服從它們的眾多內在聲音中，釐清並分辨出哪一部分真正屬於你自己，成為新的迫切要務。這個分類與篩選的計畫，也就是分辨的任務，源自於我們開始以批判且覺察的態度審視自己的內心世界。「這種想法或感覺是源自內心的哪個

部分？」與「以前有過這樣的經驗嗎？」以及「這條路可以讓我成長，或是限縮我的旅程？」這些就是我們每一個人都需要提出的問題，以成為更真實的存在。

我們每個人遲早要橫越苦難的大草原。邪惡遲早會闖入我們的生命，與失落、挫敗，以及倦怠與逃避的誘惑並行而來。然而，即使是黑暗，也是我們稱為「人生」的豐盛旅程的一部分。無論外在有什麼事發生在我們身上，我們需要的是更多的內在力量來應付一切。維持成長和學習所需的能量、專注與堅定承諾，是相當困難的，但這對於人生旅程的深度與尊嚴至關重要。對我們每個人來說，時間之輪不斷的轉動，將我們一次又一次帶向同一個提問：當你面對你似乎無法掌控的處境時，你應該如何過日子？真正的挑戰來自於你要如何回應和面對。

1950 年代，榮格曾寫了一封信給治療師奧嘉·弗羅伯·卡普坦（Olga Fröbe-Kapteyn），他在信中說，個體化的過程包括三個部分，心理學只能協助第一個階段：洞

察（insight）。他說，接下來是個人的品德：勇敢面對一切必須面對的事，以及長久的堅持與忍耐，直到這個人活出不同的境地和內在狀態。

我們從來不曾孤獨

此外，我經常會想起榮格的提問：「當沒有任何事物支持你時，是什麼在支持著你？」我們的假我建構的大樓遲早會磨損侵蝕，甚至崩塌，接著我們就進入靈魂的暗夜。在如此令人膽怯的黑暗之中，我們能找到帶領我們穿過黑暗森林的一絲微光嗎？假如我們能找到、緊緊抓住，甚至願意冒險追隨那道微光，我們會知道，自己擁有某種超越平凡自我侷限的力量，那些限制將我們困在無盡的重複循環裡。從那一刻起，我們會知道，即使在孤獨之中，也並非全然的孤獨，我們的內在指引從未缺席，而只要我們盡力去做一件我們相信是正確的事，就會喚起內在的力量，並且成為我們的依靠。

在滿布星辰的浩瀚宇宙中，渺小的人類心靈擁有自

己未曾察覺的韌性與生命力，我們在困境中才會發現它的存在。還記得詩人狄金生（Emily Dickinson）怎麼說的嗎：「水手看不見北方，但他知道指南針可以。」她的洞察提醒我們，當我們啟航踏上充滿不確定性的旅程時，我們必須記得攜帶內在的羅盤，並相信它，因為它會告訴我們靈魂的真相。

我們每天都應該想起詩人庫尼茲（Stanley Kunitz）的提醒（但以非病態的態度），「我只是借用了這塵土。」借來的東西，我們遲早要歸還。我對榮格和其他同行的工作成果深懷感激，這一路上他們為我開啟了新的視野、方法與更宏觀的觀點。他們支持我，給予我洞見與希望，讓我知道，即使迷失或感到疏離，我從來不孤獨。因此，當我們終將走到「歸還塵土」那一刻，若能相信在人生旅程的剩餘部分，已盡可能地做到懷著對生命最大的善意與真誠，將會讓我們感到慰藉。

與此同時，大多數人喊著，「喔，那命定的存在、摯愛的他者和神奇的靈丹妙藥到底在哪裡？喔，能告訴

我人生意義的智者到底在哪裡？誰來照顧我，讓我不用長大，也無需自己承擔人生？誰能修復這個破碎的世界，使它再次變得完整？」

假如我們無法與那個他者建立連結，又有誰能想像，其實打從我們出生那一刻起，我們的內在有個他者一直默默的引導我們？有誰能想到，在萬事皆無法依靠之時，我們最需要做的，是找到那個仍能支持我們的力量？誰會發現，我們從來都不是全然的孤獨，因為有個美好的存在就在我們的內心，照顧著我們，並渴望與我們展開持續的對話？即使孤身一人，但我們從未真正孤獨。

唯有到那個時刻，我們才能真正的活出自己。人生會使你心碎，但至少，你會因此知道自己有一顆心。人生會讓你失望、使你受傷，但它的豐富能滋養你，並試圖修復那些破碎的部分。至於我，在八十五歲之時，我的心中充滿感恩。即使失去摯愛的親友使我悲傷，但我很感激有這些人讓我去愛，並且曾經被他們所愛。身體

終將老去、衰弱，死亡無可避免，即使身體衰敗，我的精神仍生氣蓬勃，如同詩人丁尼生（Alfred Tennyson）在〈尤里西斯〉（Ulysses）寫道，「死亡將終結一切，但到終點之前，人們也許仍有機會完成有意義的事情，無愧於那些曾挑戰諸神之人的作為。」①

為了撫慰這些靈魂的失落與不安，以及為了感謝生命至今依然給我的所有美好時刻，親愛的讀者，我想送給你一個謙卑的禮物——我翻譯的詩，里爾克寫的〈夜晚〉（Evening）（德文為 Abend）：

夜晚緩緩換裝
樹木的古老守護著變換的夜色，
你看著的兩片相連土地分開了，
一片向下墜，一片升上天。
使你不完全屬於任何一者，
不像沉默的房屋一般黑暗或寂靜，
也不像每天夜裡升起的星辰

永遠堅守崗位，

但使你無言的整理你的人生，

包括它的所有旅程與轉折，

於是有時受限，有時無窮，

它在你的裡面生長……有時是石塊，有時是星辰。

附錄

前往伯里奇

聽聞艾倫病情診斷的那一刻,他知道自己成了一個迷途之人。她在五個月之後過世。胰臟癌非常兇狠、無情。簡單的喪禮結束後,簽完悲傷的法律文件,經過無數個喝得太醉的夜晚,朋友打電話來的次數逐漸減少之後,他坐在黑暗中,最後一次對她說話,再落一次淚。次日早上,他買了一張愛爾蘭航空飛往夏儂(Shannon)的單程機票。

他告知朋友以及兩個孩子(住在普茲茅斯的西薇亞和芝加哥的山姆),並請鄰居代繳水電費。在大西洋的彼岸,他在飛機上聽到〈加州飯店〉(Hotel California)這首歌不斷循環播放。他身旁的其他旅客紛紛步下飛機,但最後

那句歌詞在他的腦海不斷迴盪,「你可以在任何時間退房,但你永遠無法離開。」悲傷之屋是他的新住所。

巴士開了兩個小時才到伯里奇,伯里奇是西海岸邊的一個小村子,居民大約數千人。他入住一家名叫「豎琴與員工」(Harp and Staff)的當地飯店,倒頭就睡。他從地圖挑選了這個地方,他對這個地方一無所知,只知道它是個小地方、遠離塵囂、靠近海邊。他可以在那個地方迷失自己。他上網查詢這個名字,發現它源自凱爾特語(Celtic),意思是「教堂之地」,毫無疑問,這名稱可以追溯到一千年前從法國和義大利來的宣教士。這兩種文化(地中海文化與非基督教文化)的衝突,在愛爾蘭的靈魂造成了一道深深的裂痕,即使一層層的歷史堆疊在上面,那裂痕依然存在。聽起來正適合他。

他抵達伯里奇三天之後,天空開始降下大雨。他每天出門走一點路當作運動,步履緩慢的在泥巴路上跨過水坑。到了晚上,他看書打發時間,大多是看歷史書,只要讓他有事做就好,並希望自己能一夜好眠,不會夢

到艾倫。他夢見她時,看見的總是她在臨終前病容憔悴的模樣,他希望能擺脫那個畫面,用其他更愉快的記憶取代。在第四天,他又出門了,那天只有下毛毛雨。

他遇到的第一個人對他說,「天氣真好,不是嗎?」

「當然」,他用諷刺的口氣回答。當他遇到的第三個人說了同樣的話,他才意識到,村民是認真的;比起幾天前的滂沱大雨,這天的確是好天氣。

當他走在帕內爾街(Parnell Street),經過了一個真人尺寸的耶穌受難十字架,面容悲悽的馬利亞就站在十字架底下。十字架的背面列出了十一個人的名字,他們離開伯里奇之後就再也沒有回來了,日期是1916年。他一開始以為那是紀念「復活節起義」(Easter Rising)的紀念碑,當他想到有多少人在那個注定失敗的行動中喪命,就不寒而慄。但是,他後來想起了索姆河戰役,並意識到那個地方正是大屠殺發生的所在地,有近六萬人在展開戰役攻勢的頭二十四小時內喪生。「必定墜落的民

族」，葉慈如此描述他們（譯注：1916年復活節週間，武裝的愛爾蘭共和派於都柏林發動復活節起義，企圖從英國的統治中獲得獨立）。

那天晚上，他到酒吧「犁與星」（The Plough and Stars）去喝酒。他注意到小舞台的對面牆壁上有個小洞，有光線透出來，街頭藝人有時可以上去那個舞台表演，接受客人打賞。

「那裡發生了什麼事？」他問酒保。

「我們本來要處理的，但這裡的熟客說，它可以吸引觀光客，所以我們就把它留下來了。老兄，那可是子彈打穿的洞。」

「怎麼會有人在這個地方開槍？」

「嗯，那是班尼‧麥克雷（Benny McCrae）最後留下笑聲的地方。」

「班尼‧麥克雷？」

「對,老班尼曾是個雜耍演員,在他那個年代相當有名。曾在一些大城市表演,像是高威(Galway)、都柏林(Dublin),甚至是倫敦。事情發生的時候他已經八十多歲了,有些人認為,甚至說他有點痴呆了。總之,有一天晚上,大概是四年前左右,他說了一個笑話。我們所有人都聽過那個笑話了。我想,他所有的笑話我們應該都聽過了。村子裡有三個人,勒斯克、露絲和拉夫辛尼,他們的年紀太小,組不了一個風笛樂隊。於是他們想出一個點子,要一起募款買制服。於是這個老傢伙跑去找老寡婦梅涵(Mahan)。

『午安,女士,你願意給一點錢讓勒斯克、露絲和拉夫辛尼風笛樂隊買制服嗎?』

『蛤?』她說。

他提高了聲量。『你願意給一點錢讓勒斯克、露絲和拉夫辛尼風笛樂隊買制服嗎?』

『蛤?』

他對她大吼,『你有錢可以給勒斯克、露絲和拉夫辛尼樂隊嗎?』

『蛤?』

他被惹怒了,氣沖沖的跺著腳朝門口走去,走到門口時,他扭過頭來並說,『去你的,老女人!』

梅涵太太也吼回去,『去你的,還有勒斯克、露絲和拉夫辛尼樂隊!』

除了麥奇・雷爾登（Micky Reardon）,沒有人笑出來。說實在的,他就算在葬禮上也笑得出來。」

「我覺得很好笑。」

「嗯,班尼走回來,向所有正在喝健力士啤酒（Guinness）的人說,『去你們的!』然後拿出一隻手槍,朝著自己的太陽穴開槍。我猜,那算是他的告別演出了,他最後的絕妙笑話。」

「老天爺……太令人吃驚了。」

「嗯,是啊,那面牆上全是血和腦漿。當然,我當天晚上就把那些東西都清乾淨了,但一直沒時間去找泥水匠。後來,大伙兒覺得應該把那個洞留下來,讓觀光客有事情可以問,就像你一樣。」

「我不是觀光客。」

「呃……那你是什麼?你並沒有定居在這裡。你不是觀光客,是什麼?」

「我也不知道,」他說。「或許是外來居民吧……」

* * *

他花很多時間在海邊散步,偶爾爬上從海岸邊隆起的山丘。灰綠色的海浪激起浪花泡沫,海洋生物不是鑽進沙裡,就是被浪花帶回海裡。他看見遠方港口的船隻一個個東倒西歪,但就在幾個小時之前,那些船還直挺

挺的並排左右搖晃著。他很驚訝，海浪竟然能在這麼短的時間內起如此大的變化。他永遠看不膩。有時候，他在浪花的泡沫中能看見一條可以通行的路，但在下一個浪打上來時，就被抹去了。

當他走到海灘後方的懸崖頂端並向下望，浪花的白色線條看起來很規律，整齊的向前行進，但當他來到海邊，卻看到浪花雜亂的拍打著海岸。混亂中的秩序，秩序中的混亂，從一開始就是如此。他出生在內陸地帶，有玉米田和穀倉點綴的內陸地帶，他從小就很想看看海的樣子。當他小時候第一次見到密西根湖，他認為這個一定就是大海，因為他看不見對岸的陸地，在起風的時候，他甚至能看見白色的浪花，這是決定性的證明他看到的是大海。

他來到伯里奇三週之後的某一天，他站在浪的邊緣，抬頭仰望山丘的稜線，看見了一堆人影站在山頂，夕陽襯托出他們的輪廓。其中兩個人騎著馬，其他的人則是步行，手裡拿著木棍或是矛。他們一動也不動的向

下看著他,然後望向天際線,彷彿想從快速移動的薄霧中看見朝著他們而來的船隻。他動彈不得,盯著他們看了幾分鐘,狐疑他們在那裡到底在做什麼。然後,他們轉過身,往回越過山丘,消失了。最後一個離開他的視野的,是其中一個騎著馬的人,他舉起手裡的棍子或矛,似乎是向他打招呼。他舉起手臂回禮,但他們已經消失了。

那天晚上,他在「犁與星」吃了香腸、沙拉,又喝了豎琴啤酒,然後來到酒吧旁。

「麥克?」

「什麼事?」

「我要告訴你我昨天傍晚看到了什麼,我覺得我有看到一些東西,就在太陽下山之前。」他低聲快速的說。

「我的老天爺!你看到他們了?」

「我看到的是什麼?」

「我沒辦法告訴你，真的，沒有人能告訴你。有人看過他們，這個傳說流傳了好幾個世紀。我們從來不告訴外地人，否則我們這裡會擠滿觀光客。看看蘇格蘭尼斯湖（Nessie）的觀光人潮。」

「那到底是什麼東西？」

「我也不知道。世世代代的神父告訴我們，那是魔鬼和他的手下，他們要來奪取人的靈魂。用這個來嚇小孩很好用。我們有一半的人幾乎相信了。不然還能怎麼想？」

「拜託，你知道的一定不只有這些。到底是怎麼回事？」

「嗯，唯一的其他解釋是，他們是古代凱爾特人的幽靈，站在那裡防備北方的入侵者。在維京人來到這裡之前，北方人會襲擊海邊的村莊。當地人都很害怕。到了現在，那些北方人變成了都市傳說的妖怪之類的東西。」

「但我看到的是什麼？」

「我不知道，沒有人知道。你這個外地人居然看得到他們，這一點很奇怪。長久以來看到他們的都是本地人。」

「那麼，他們是壞人嗎？」

「天知道。他們騎馬跑上稜線，向下望，做個手勢，然後消失在逐漸昏暗的夜色裡。但你確實看到了某個東西，那是肯定的。」

「如果我看到了別人看到的東西，我不可能是在作夢或是產生幻覺。」

「我不認為你在作夢，你的確看到了某個東西。」

在那次對話之後，他不知道自己是否該重回那個地方，尋找那些人。一個星期之後，他去了那裡，但什麼也沒看到……什麼也沒有。他每天晚上都跑去，但什麼也沒看到。他開始懷疑自己是不是瘋了。我真的看到了

東西嗎？他沒有答案。

* * *

秋天的樹木開始變色，他開車前往北方的斯萊戈郡（Sligo），然後跑去葉慈墓地所在的鼓崖墓園（Drumcliffe Cemetery）。假如你背對古老教堂站著，你會看到遠方的本布爾本山（massif Ben Bulben）。葉慈的墓碑上寫著：「冷眼看待／生與死／騎士，向前去吧！」

葉慈的讀者都知道，那幾行詩是裝出來的，只是虛張聲勢而已。很少人能像葉慈一樣熱情洋溢的寫出自己對生命的依戀，對死亡的抗拒，以及在此生之後繼續努力的執著。不再冷眼看待人生，但……讓這個人說出最終的話語吧。

在地上，刻在大理石上的是葉慈更美的最後遺言：

但我很窮，只有夢；

我把所有的夢鋪在你腳下；
請輕輕踩啊，因為你踩的是我織的夢。

這才像話。溫柔、敞開、悲痛，這才是詩人，一點也不冷眼看待。

他站在自己最喜愛的詩人的墓前，沉思著，「如果要寫，我的墓誌銘會是什麼？我會想說什麼？我希望別人記得的是什麼樣的我？」

他想起來，他把艾倫的骨灰放在當地的納骨塔。塔位的空間只夠留下姓名和日期，所以那個問題沒有實質的意義。儘管如此⋯⋯他還是進行了一番沉思。

他走出墓園，望向大斜坡下方的山谷，凝視著山峰。他最後得到的是單純但真心的結論：「直到最後，他始終努力找出答案。」

* * *

十月的某一天，他早上起床後，吃了房東太太煮的一成不變的燕麥粥，感覺她好像煮了幾百年一樣。泡在冰牛奶裡的半杯葡萄乾、麵包，還有咖啡。這是展開每一天的最佳早餐。

他步行走進村子，薄霧一如往常籠罩大地。他在報紙攤前面停下腳步，買了一份《愛爾蘭時報》(The Irish Times)。這種小地方絕對找不到《國際先驅論壇報》(The International Herald Tribune)。他走進一家咖啡店，開始慢慢讀報，主要是搜尋與美國有關的新聞，甚至是遲來的美式足球賽比數。毫無意外，報紙報導的主要是愛爾蘭的足球賽和橄欖足球（rugby）賽的比數。心裡雖然明白，但沒有任何關於家鄉的消息總是令他沮喪。他已經告訴孩子們，假如他有一段時間沒有和他們聯絡，也不要為他擔心。他對他們說，他只是想把事情想清楚。看完報紙後，他把報紙放在桌上留給其他人看，然後走到街上，再次朝著海的方向走去。

他經過幾個街區，看見弗萊赫提珠寶店（Flaherty's

Jewelry）的櫥窗透出亮光。他需要做一件事。然後,他看見了一條金項鍊,上面有一個小小的綠翡翠墜飾。綠翡翠是艾倫的誕生石。五月十一日。他走進店裡,花了二千出頭歐元買了那條項鍊,然後走出店,再次朝著波濤洶湧的大海走去。

當他接近海灘時,他停下腳步,露出一抹微笑,想著要給她一個意外驚喜,然後他說,「她已經死了。」她當然已經死了,這是不會改變的事實。他站在霧裡,望向翻騰的大海。他轉過身。就在那個時候,克雷格太太帶著五歲的女兒趕著去上學,她們再次因為沒被鬧鐘叫醒而遲到。

他走向她們並說,「你好,小女孩,你叫什麼名字?」

「珍妮。」

「珍妮,你幾歲了?」

「五歲。但我快要六歲了⋯⋯下個月就六歲了。」

「這個生日禮物要送給一個美麗的小女孩，珍妮。下個月在家裡打開這個禮物吧。」

在她們有機會查看包裝盒裡面裝的是什麼之前，他離開了她們。艾倫已經死了。他現在知道了。

* * *

他到伯里奇快要六個月的某一天，他起床後對自己說，「該回家了。是時候回去辦正事了。」吃了燕麥粥、喝了咖啡之後，他打電話給愛爾蘭航空，訂了一張三天後飛回美國的機票，靠窗的座位，看不見太陽的那一邊，空中巴士 330-300 型飛機，18K 座位。

離開的前一晚，他走到海邊，踩著散布在海灘的莎草，走進冰冷的海水，然後繼續往海裡走。隔天早上，空中巴士從夏儂飛往波士頓，機上的 18K 座位上沒有人。愛琳・孟羅（Aileen Monroe）很開心那個座位是空著的，因為這樣她就可以把腳伸直，一路飛回美國。

注　釋

Chapter 1

① Jack Gilbert, "A Brief for the Defense," Poetry Society of America, poetrysociety.org/poems/a-brief-for-the-defense.

② Gustave Flaubert, "Letter to Louise Colet, 13 August 1846," Oxford Essential Quotations, 5th Online Edition, oxfordreference.com/display/10.1093/acref/9780191843730.001.0001/q-oro-ed5-00004457.

③ Microsoft Bing, "Funny Baby Pictures," bit.ly/3IhJfvQ.

④ Fleur Adcock, "Things," Scottish Poetry Library, scottishpoetrylibrary.org.uk/poem/things/.

⑤ Dr. Laurie Santos, "The Science of Well-Being Course by Yale University," Coursera, coursera.org/learn/the-science-of-well-being.

⑥ LibQuotes, "Nikos Kazantzakis Quote," libquotes.com/nikos-kazantzakis/quote/lba5k8n.

Chapter 2

① The Association Experiment involves reading a series of stimulus words and observing which ones evoke a "disturbance of consciousness," suggesting that something in the unconscious of the subject has been activated.

② *The Nightmare*, Wikipedia, last modified May 2, 2024, en.wikipedia.org/wiki/The_Nightmare.

Chapter 3

① Marion Woodman, *Addiction to Perfection: The Still Unravished Bride* (Toronto: Inner City Books, 1982), 12.

Chapter 4

① William Butler Yeats, "Byzantium," Poetry Foundation, poetryfoundation.org/poems/43296/Byzantium.

② Goodreads, "Paul Éluard Quote," goodreads.com/quotes/1045320-there-is-another-world-but-it-is-in-this-one.

③ Rainer Maria Rilke, "Archaic Torso of Apollo," Academy of American Poets, poets.org/poem/archaic-torso-apollo.

Chapter 6

① Quote.org, "Louis Pasteur Quotes," quote.org/quote/one-does-not-ask-of-one-who-629537.

② The Socratic Method, "Joseph de Maistre: Every country has the government it deserves," socratic-method.com/quote-meanings-french/joseph-de-maistre-every-country-has-the-government-it-deserves.

③ H. L. Mencken, "Bayard vs. Lionheart," *The Baltimore Evening Sun*, July 26, 1920.

④ C. G. Jung, *Collected Works of C. G. Jung, Volume 11: Psychology and Religion: West and East*, ed. and trans. Gerhard Adler and R. F. C. Hull (Princeton: Princeton University Press, 1970), 170.

⑤ C. G. Jung, *C. G. Jung Letters: Volume 2: 1951–1961*, eds. Gerhard Adler and Aniela Jaffé, trans. R. F. C. Hull (London: Routledge, 2015), 384.

⑥ C. G. Jung, "Wotan," in *The Collected Works of C. G. Jung, Volume 10: Civilization in Transition*, ed. and trans. Gerhard Adler and R. F. C. Hull (Princeton: Princeton University Press, 1970), 191.

⑦ Jung, *The Collected Works of C. G. Jung, Volume 10: Civilization in Transition*, 191.

⑧ One of the amazing qualities of sociopaths and narcissists is their talent for "spinning" events to justify and legitimize their behaviors and blame others. Normal "neurotic" people spin in their juices and feel bad, but the others quickly slip out of the noose of accountability and blame others.

⑨ H. L. Mencken, "Bayard vs. Lionheart," *The Baltimore Evening Sun*, July 26, 1920.

⑩ Emily Dickinson, "Letters from Dickinson to Higginson, 7 June 1862 (Letter 265)," Dickinson Electronic Archives, emilydickinson.org.

Chapter 7

① Quote Investigator, "Don't Look Back. Something Might Be Gaining On You," quoteinvestigator.com/2020/11/02/gaining/.

Chapter 8

① Ezra Pound, "Hugh Selwyn Mauberly [excerpt]," Academy of American Poets, poets.org/poem/hugh-selwyn-mauberly-excerpt.

② William Shakespeare, *Macbeth*, (New York: Modern Library, 2009), 2.2.67.

③ Samuel Beckett, *Nohow On: Company, Ill Seen Ill Said, Worstward Ho* (New York: Grove Press, 1996), 89.

Chapter 9

① Goodreads, "John Steinbeck Quote," goodreads.com/quotes/220402-there-ain-t-no-sin-and-there-ain-t-no-virtue-there-s.

② C. G. Jung, *C. G. Jung Letters, Volume 2: 1951–1961*, ed. and trans. Gerhard Adler and R. F. C. Hull (Princeton: Princeton University Press, 1961), 384.

Chapter 10

① C. G. Jung, *Collected Works of C. G. Jung, Volume 5: Symbols of Transformation*, ed. and trans. Gerhard Adler and R. F. C. Hull (Princeton: Princeton University Press, 1977), 472.

② Paul Tillich, *Theology of Culture* (Oxford: Oxford University Press, 1957).

③ Philip Wheelwright, *The Burning Fountain* (Bloomington, IN: Indiana University Press, 1954).

④ C. G. Jung, "Introduction to the Secret of the Golden Flower," in the *Collected Works of C. G. Jung, Volume 13: Alchemical Studies*, ed. and trans. Gerhard Adler and R. F. C. Hull (Princeton: Princeton University Press, 1968), 37.

⑤ C. G. Jung, *Memories, Dreams, Reflections*, ed. Aniela Jaffé, trans. Clara Winston and Richard Winston (New York: Pantheon, 1961), 340.

Epilogue

① Alfred Tennyson, "Ulysses," Poetry Foundation, poetryfoundation.org/poems/45392/ulysses.

參考書目

Arendt, Hannah. *Eichmann in Jerusalem: A Report on the Banality of Evil.* New York: Penguin, 2006.

Becker, Ernest. *The Denial of Death.* New York: Free Press, 1997.

Camus, Albert. *The Fall.* New York: Vintage, 1991.

———. *Resistance, Rebellion, and Death: Essays.* New York: Vintage, 1995.

Conrad, Joseph. *The Heart of Darkness.* New York: Everyman's Library, 1996.

Dostoevsky, Fyodor. *Notes from Underground.* New York: Penguin, 1992.

Goethe, Johann von. *Faust.* New York: Anchor, 1962.

Hollis, James. *The Broken Mirror: Refracted Images of Ourselves.* Asheville, NC: Chiron Books, 2022.

———. *Creating a Life: Finding Your Individual Path.* Toronto: Inner City Books, 2002.

———. *Finding Meaning in the Second Half of Life: How to Really Grow Up.* New York: Avery/Penguin, 2006.

———. *Swamplands of the Soul.* Toronto: Inner City Books, 1996.

Jung, C. G. *The Collected Works of C. G. Jung, Volumes 1–20.* Edited by Herbert Read, Michael Fordham, Gerhard Adler, and William McGuire. Translated by Gerhard Adler and R. F. C. Hull. Princeton: Princeton University Press, 1953–1979.

———. *C. G. Jung Letters: Volume 2, 1951–1961*. Edited by Gerhard Adler and Aniela Jaffé. Translated by R. F. C. Hull. London: Routledge, 2015.

———. *Memories, Dreams, Reflections*. Edited by Aniela Jaffé. Translated by Clara Winston and Richard Winston. New York: Pantheon Books, 1961.

MacLeish, Archibald. *J.B.: A Play in Verse*. New York: Houghton Mifflin, 1989.

Vaihinger, Hans. *The Philosophy of the "As If."* London: Routledge, 2021.

Van der Kolk, Bessel. *The Body Keeps the Score: Brain, Mind, and Body in the Healing of Trauma*. New York: Penguin, 2015.

Woodman, Marion. *Addiction to Perfection: The Still Unravished Bride*. Toronto: Inner City Books, 1982.

Yalom, Irving. *Staring at the Sun: Overcoming the Terror of Death*. New York: Jossey-Bass, 2009.

國家圖書館出版品預行編目（CIP）資料

穿越中年迷霧：榮格心理學家的指引，開啟內在對話，理解焦慮、創傷、夢境、陰影，解答生命難題，活出自己 / 詹姆斯・霍利斯（James Hollis）著，廖建容譯 . -- 第一版 . -- 臺北市：天下雜誌 , 2025.07

面； 公分 . --（心靈成長 ; 120）

譯自：Living with borrowed dust : reflections on life, love, and other grievances

ISBN 978-626-7713-24-2（平裝）

1. CST: 榮格 (Jung, C. G.(Carl Gustav), 1875-1961)
2.CST: 分析心理學　　3.CST: 心理諮商
170.181　　　　　　　　　　　　　　114007594

心靈成長 120

穿越中年迷霧

榮格心理學家的指引，開啟內在對話，理解焦慮、創傷、夢境、陰影，解答生命難題，活出自己

LIVING WITH BORROWED DUST: Reflections on Life, Love, and Other Grievances

作　　者／詹姆斯・霍利斯 James Hollis
譯　　者／廖建容
封面設計／葉馥儀
內頁排版／林婕瀅
責任編輯／鍾旻錦

天下雜誌群創辦人／殷允芃
天下雜誌董事長／吳迎春
出版部總編輯／吳韻儀
出　版　者／天下雜誌股份有限公司
地　　址／台北市 104 南京東路二段 139 號 11 樓
讀者服務／（02）2662-0332　傳真／（02）2662-6048
天下雜誌 GROUP 網址／ http://www.cw.com.tw
劃撥帳號／ 01895001 天下雜誌股份有限公司
法律顧問／台英國際商務法律事務所・羅明通律師
製版印刷／中原造像股份有限公司
總　經　銷／大和圖書有限公司　電話／（02）8990-2588
出版日期／ 2025 年 7 月 3 日第一版第一次印行
定　　價／ 450 元

LIVING WITH BORROWED DUST © 2025 by James Hollis
Complex Chinese language edition published in agreement with Sounds True Inc. through The Artemis Agency
Complex Chinese copyright © 2025 by CommonWealth Magazine Co., Ltd.
All rights reserved.

書號：BCCG0120P
ISBN：978-626-7713-24-2（平裝）

直營門市書香花園　台北市建國北路二段 6 巷 11 號　（02）25061635
天下網路書店 shop.cwbook.com.tw
天下雜誌出版部落格──我讀網 books.cw.com.tw/
天下讀者俱樂部 Facebook www.facebook.com/cwbookclub

本書如有缺頁、破損、裝訂錯誤，請寄回本公司調換